闇に葬られた
昭和の怪死事件

別冊宝島編集部 編

宝島
SUGOI
文庫

宝島社

はじめに

本書は昭和の不審死、疑惑の死、謀略的な死について、とりあげた文庫である。元本は2016年に出した『闇に葬られた「怪死」の真相』である。

しかし、半分以上は新しい原稿だ。

また、タイトルは昭和の怪死事件だが、一部、実際の死自体は平成に起こっているものもある。しかし、その亡くなった人物が昭和で活躍している場合は、とりあげている。

テレサ・テンがそうである。亡くなったのは平成であるが、人々の印象としては昭和の歌姫である。

今回、特に新しく取り上げたのは、多くが謀略的な怪死事件である。帝銀事件、下山事件、水本事件などだ。

権力の謀略か、自殺か、はたまた全く違う死因か、読み進めてほしい。

怪死事件も、時代が経つにつれて、その本質が明らかになってくる。

帝銀事件で、なぜ平沢貞通は死刑が執行されなかったのか？

下山事件で、なぜ自殺説が大手を振ってまかり通るのか？

他にも三鷹事件や松川事件などは、ほぼ、答えが出ている。それは、GHQの支配下にあった事件で、その時代は終わってかなり経っているから、多くの資料が出てくる。

一方、その人物が亡くなって、しばらく経つと、ほとぼりがさめるのか、少しずつ、真相を明らかにしてくる人が出てくる。

それによって、怪死の真相が明らかになってくる。

しかし、それでも、終戦直後に起こった怪死事件は、闇の部分がまだまだ多く存在する。

赤報隊とはいったいどんな人たちだったのか？

青酸コーラ無差別殺人は誰がやったのか？

その真相が、本書で少しでも明らかになれば、と考えている。

別冊宝島編集部

闇に葬られた昭和の怪死事件　目次

第二章 政治の闇

航空機をハイジャックして北へ／メンバーの死と疑惑／人なつっこい笑顔と溌溂さ／車はベンツ、腕時計はオメガ／田宮を落胆させた〝事件〟／小西はなにに怯えていたのか／心臓病を裏づける説も

異端政治家と「B&Bの会」の不思議な運命

文／伊藤博敏

疑惑否定の記者会見後に／浴衣の帯をかけて首を／人に頭を下げるのが嫌い／異端の政治家とベンチャー経営者／株投資をする『秘密のクラブ』／ベンチャー時代の到来／「異端」を排除する国家の論理

第一章

芸能人の不可解な死

1986年 岡田有希子の飛び降り自殺

疑惑の俳優が語った「真実」と「90分の闇」

文＝中野信行（元スポーツ紙記者）

「自殺の瞬間」の目撃者

自宅で手首を切ってガス自殺をはかったものの、発見が早かったために一度は一命を取り留めながら、その数時間後、所属事務所のサンミュージックが入っている7階建てのビルの屋上から投身自殺――。アイドル歌手・岡田有希子が人気絶頂のさなか、18歳の若さで死を選んだのは、1986年4月8日の「午後0時15分」のことだった。

その衝撃的な「自殺の瞬間」を目撃した人物がいる。『スポーツ報知』の細貝

今なおファンに愛される岡田有希子

武記者（当時38歳）だ。『スポーツニッポン』（スポニチ）の芸能記者だった私と彼のつきあいはもう40年くらいになる。当時から今日にいたるまで、時間を見つけては酒を酌み交わす「よき友」だが、当時はスクープを競い合った「よきライバル」でもあった。

「僕の記者生活で最も驚いた事件であり、忘れえないスクープでした」

そう振り返る細貝記者は、共同通信社からマスコミ各社に「岡田有希子自殺未遂」という一報が入った午前11時50分頃、千代田区平河町の会社にいた。『スポーツ報知』のほかの記者たちが、自宅で手首を切った岡田が運ばれた病院や、警察署に急行したなか、細貝記者が先輩のカメラマンとともに「現場」となるサンミュージックへハイヤーを飛ばしたのは、彼が当時、サンミュージックの番記者であり、同社の相澤秀禎社長とも親しい関係だったからだ。

自殺が未遂に終わった岡田が「まだ病院にいるもの」と思っていた細貝記者が、角にサンミュージックのビルがある四谷4丁目交差点に到着したのは、「自殺未遂」の一報があった約25分後。くしくも、岡田が投身自殺を遂げた「午後0時15

分」だった——。

「あれ、誰かがゴミ袋でも投げ落としたのかな？」

黒い物体がビルの屋上から舞い、1階の弁当店の前にドスンと落ちたのをハイヤーの中から「遠目」に目撃したとき、細貝記者はこう思ったという。

遺体写真スクープの舞台裏

サンミュージックのビルの前に着いた細貝記者はここで初めて、あの黒い物体は「ゴミ袋」ではなく「人」で、誰かが飛び降りたことを知った。とはいえ、「ユッコ（岡田の愛称）は病院」と思い込んでいたから、地面に横たわる女性の遺体が「岡田有希子本人」とは考えもしなかった。

「遺体はうつぶせで顔は見えません。カメラマンはむごい光景に目をそむけましたが、私はとりあえず撮っておくように頼みました」

このあと、細貝記者はカメラマンと一緒に、サンミュージックのスタッフがいる5階にのぼった。ここでも彼は、顔見知りの同社社員たちと「飛び降りた人は一体、何者だろう?」と、いぶかりあったという。サンミュージックの社員たちもこの時点では、岡田が「二度目の自殺」をしたことを知らなかったのだ。

「岡田の自殺未遂の事情」を聞こうと6階の社長室に入った細貝記者は、ようやく「真相」を知る。そこでは、歯科医院から戻ったばかりの相澤社長と福田時雄専務が深刻な顔をしていた。

「飛び降りたのは岡田有希子です」

この相澤社長の言葉を聞いたとき、細貝記者は飛び上がるほど驚き、青ざめたという。

(じゃあ、さっきの遺体が……)

30年以上の月日が流れた今も、そのときの衝撃を細貝記者は昨日のことのように鮮明に覚えている。このあと、社長室には各社の取材記者が続々と入ってきた。そのなかには、梨元勝(芸能レポーター)の顔もあった。

一方、当時43歳で、スポニチの文化社会部のキャップだった私が、同じ時間になにをしていたかといえば、「自殺未遂」の一報があった午前11時50分頃は「外回り中」だった。担当デスクから招集をかけられ、急いで会社に戻ったが、港区金杉橋（当時）の編集局に到着したのは午後0時30分頃。このとき、岡田はすでに命を絶っていたわけだが、そんなことは露知らず。それからまもなく、現場に向かった同僚の記者から入ってきた「岡田有希子、投身自殺で即死」という追い討ち情報に驚愕させられたのである。

「峰岸徹が原因説」の不可解

ここで改めて、この事件のあらましを振り返っておく。

岡田が自宅の港区南青山のロータリーマンションで左手首をカッターナイフで切り、ガスの元栓を開けて自殺を図ったのは、1986年4月8日午前5時頃だった。このときは近所の住民に知られて通報され、彼女は救急車で北青山病院に運ばれている。

だが、病院では「本名」だけ名乗ったため、警視庁も東京消防庁も「佐藤佳代（岡田の本名）って誰？」と首を傾げ、患者の素性確認に手間取ったという。後述するが、このことが岡田の〝命取り〟になったのではないかと、私は今も思っている。

病院を出た彼女は、当時、サンミュージックの制作部門を統括していた福田専務に付き添われ、正午頃に事務所に着いた。車中で泣きじゃくる岡田に対し、福田氏は、

「実家（名古屋）に帰りたいのなら東京駅、それとも相澤社長の家（東京・成城）、または事務所（東京・四谷）？」

と、落ち着く場所の選択を求めたと公表している。福田氏いわく、「かすかな声で岡田は『事務所に……』と答えました」とのことだが、これが事実なら、事務所を選んだこの瞬間に「岡田の運命」が決まったのだ。

サンミュージックの説明によれば、事務所に着いた岡田が6階の社長室にいた15分間、ちょうど相澤社長は、近所の歯科医院に出かけていて留守だったという。福田氏は最初、岡田がいる前で相澤社長と電話で話していたが、「（岡田がいる前では）話しにくい」と言い、岡田を社長室に残し、自分は5階に下りてしまう。

その間に岡田は「ティッシュを取りに……」と言って席を立ち、屋上に上って飛び降りてしまったのだ。

さて、自殺後ほどなく、岡田の遺書とノートが発見された。初めて「あの男」の名前が出てきたのは、このときだ。

〈峰岸さんに憧れていたのに、冷たくされて悲しい〉

遺書は、そんな内容だったと伝えられた。かくして、岡田の自殺は俳優・峰岸徹との失恋が原因だと報じられるようになったのだ。

しかし、この一連の流れに、私はすぐに疑いを持った。というのも、彼女の遺書やノートの内容は事務所幹部が一読しただけで、岡田の父・一彦さん、母・孝子さんに渡した——とされている。しかし、事務所が公（おおやけ）に情報を流した経緯がないのに、この遺書の内容はなぜか、「漏れてしまった」のである。

（峰岸との失恋は、もしかするとつくられた情報では……）

「作為」の匂いを感じた私は「ご両親が娘の自殺の真相を握っている」と思い、記者二人を名古屋の岡田の実家に派遣することにした。私に出張を命じられた二

人の記者は、

「峰岸の名前があったというんだから、彼をつかまえるのが先でしょう。心痛のご両親を追いかけるのはつらい」

と不満を漏らしたが、私は「峰岸の所在は私が捜すから、君らは名古屋に行ってくれ」と懇願し、二人の肩を押した。消極的な気分で取材に向かうと好結果は出ないもので、二人からは案の定、「自殺の原因」に関する有力な情報は得られなかった。

ただ、それでも、収穫はあった。二人の名古屋での聞き込みにより、アイドル岡田有希子の「素顔」が以前より明確になったのだ。

娘の芸能界入りを最後まで反対した厳格な父に対し、娘の歌に夢を追った母。そんな両親に育てられた岡田について、友人たちの評判はすこぶるよかった。一つのことをやり通す忍耐強さ、責任感の強さ、リーダータイプ——そんな聡明な彼女が、本当に「失恋の免疫力があまりにもなかったがために……」という単純な動機から命を落としたのだろうか？

自殺の原因と報道された峰岸徹

生前の彼女の人となりを知ることにより、私の胸の中の霧は、ますます濃くなった。そんな折、峰岸に次いで「岡田有希子の自殺の原因」として浮かび上がった男が、あの神田正輝である。

根拠も多かった「神田本命説」

石原プロモーション（石原プロ）の一員である神田は、当時、松田聖子との「聖輝の結婚」を果たし、そして聖子は、岡田の自殺の前日に「おめでた発表」したばかりだった。妻の妊娠期に夫が浮気してしまうというのは、世間ではよくある話。そんな背景から当時、乱れ飛んだ怪情報が「峰岸はダミーで、岡田有希子の本命は神田。岡田が命を絶った本当の理由は、神田に弄(もてあそ)ばれたのがショックだった」というものだ。

あってもおかしくない話だな、と私は思った。というのも、岡田にとって神田は、所属事務所の先輩である松田聖子の夫だから、二人に接点があっても不思議はない。当時、サンミュージックの相澤社長と、石原プロの小林正彦専務はマージャン友だちでもあり、事務所同士にも接点はあった。それに加え、当時の神田は、芸能界でも「名うてのプレイボーイ」として関係者の間で知られていたからだ。

とまあ、思わせぶりに書いてみたが、結論から言うと、実は神田と岡田の「具体的なつながり」を私はなにも見つけることができなかった。それに正直に告白すれば、この「峰岸ダミー＝神田本命説」を深追いしづらい事情が、私にはあった。というのも、当時の私は、実は「石原プロの番記者」だったのだ……。

先に名前の出た石原プロの小林専務とも、私は公私にわたり、仲よくおつきあいさせていただいていた。サンミュージックの番記者たちが「真相を追いたいが、足が重い」と感じるのと同じような心情を、私も持ち合わせていたわけだ。

もっとも、だからといって私が、実際はつかんでいた「神田と岡田の関係」を記事にせず、闇に葬ったなどということは誓って、ない。実際に調べたが、「峰岸ダミー＝神田本命説」を裏づけるような具体的なネタはなにも見つからなかった。それは事実である。

峰岸の自宅を訪問

神田本命説に見切りをつける一方で、私は峰岸追跡に全力を投じるため、まずは峰岸の自宅を張り込んだ。峰岸は岡田の自殺当夜、一度だけ慌ただしい会見を開いたきり、その後は一切、マスコミを避けていたからだ。

実際、私は峰岸の自宅を訪ねてもいる。ドアが開き、出てきた女性は身長1メートル60前後、丸顔で、「やさしい保母さんタイプ」に映った。彼女は、のちに峰岸と結婚する女性（当時28歳）だが、婚約者だった当時から、すでに峰岸家に同居していたのだ。

「私から話すことはなにもありません。峰岸は留守です。お願いです、お帰りください」

彼女は私の訪問に対し、丁寧な口調で迷惑顔を隠していた。

だが、事件から約2カ月過ぎた86年6月9日、真相解明のチャンスが舞い込んだ。峰岸徹が広島から、飛行機で帰ってくる——長年つきあいのあった峰岸の所属事務所（其田事務所）のスタッフから、そんな一報があったのだ。

「スポニチに全部話させて、この件を終わらせたい」

それが、事務所の決断だった。

カメラマンとともに羽田空港にハイヤーで向かった私は車中で、「人気アイドルを自殺に追いやった疑惑の男」としてマスコミに追われていた峰岸と1時間後に会える興奮を抑えながら、彼のプロフィールに目を通した。

〈昭和18年7月17日、東京生まれ〉。このとき初めて、私は峰岸が、自分より半年だけ遅く生まれた「同い年」だと知った。馬が合うかもしれない……そんな予感がした。

当時42歳の峰岸と24歳年下の岡田の関係を改めて振り返ってみると、二人の出会いは、85年11月1日からTBS系で放送されたドラマ『禁じられたマリコ』での共演だった。その後、岡田は相談事があると、峰岸に電話をするようになったという。先にも触れた自殺当夜の会見で、峰岸は「彼女にとって、僕は兄貴のようなつもりでした。彼女には妹プラスアルファの気持ちがあったのかも……」と、言葉少なに話していた。

当時の私の手帳を開くと、〈1986年6月9日月曜日、広島から午後5時羽田着の全日空680便はほぼ定刻に到着〉と記してある。たしか、どんよりとした一日だった。記者用の腕章をつけて空港内に入り、「疑惑の男」を出迎えた。半そでのカッターシャツ、綿のズボン、目をレイバンのサングラスで覆っていたが、その男が峰岸だと、私はすぐにわかった。

ボストンバッグを持った身軽な峰岸は、運よく単身だった。私は近寄って、「岡田有希子の件について、納得いくまで話しませんか?」と単刀直入に切り出した。

「僕から話すことはなにもありませんが……」

峰岸は一度は手を横に振ったが、事務所から因果を含められていたようで、「いいでしょう」と、渋々ながら取材に応じてくれることに。東京グランドホテルに予約を入れ、そこで峰岸との独占インタビューが始まった。

苦渋に満ちた峰岸の告白

　再び、当時の手帳を開くと、私はこのとき、峰岸と以下のような話を交わしている。

――2カ月間、沈黙を守った理由は？

「こんなに不思議で、やっかいな体験は僕だけで充分。僕がなにかを話せば、彼女（岡田）のご両親や関係者に迷惑がかかるだけ」

――事件の前夜、岡田は成城の峰岸家を訪ねたか？

「いいえ、来ていません。それ以前に来たこともない」

――岡田から、確信的な恋愛のアプローチはあったのか？

「一度だけ、ラブレターがきました。でも、破り捨てました」

――そのラブレターの内容は？

「それは話せません。ただ、僕にとっては迷惑でした」

――いわれているような男女の関係はあったのか？

「ありません。第一、僕はロリコンでもない」

――この2カ月で一番困ったことは？

「自宅に彼女のファンからくる脅迫の電話、郵便物です」

約1時間のインタビュー。メモを書き起こしただけでは素っ気ない感じだが、苦渋に満ちた表情の峰岸が一語一語選びながら発する言葉の端々からは「岡田の清純な娘心」への気遣いや、「彼女のイメージを守ってやりたい」といった配慮が感じ取れた。

峰岸はまた、同居中の婚約者のことも話してくれた。彼女の父親は医師で、2年前に軽井沢のテニスコートで知り合い、出会いの翌年の85年5月から峰岸家に同居。前妻との長女（当時8歳）も彼女になついていることから結婚に支障はなく、近々、内輪だけで式を挙げる手はずだったという。

「今度の件で彼女のご両親も心配され、結婚の承諾をもらうのに苦労しました」

峰岸はこう言ったあと、ホッとしたような表情も見せた。そして、峰岸に初めて笑顔がこぼれたのは、話が娘のことに及んだときだった。

「長女が『パパ、もっと明るいニュースにもたくさん出てね』って話すんですよ。子どもながらも、私を理解してくれていると思い、うれしかったですね」

峰岸は最後に「ユッコとは、いわれているような不純な関係は一切ありません」とキッパリと言い切り、私の手が痛くなるほど強烈な握手を残してホテルを出ていった。30年以上経った今も鮮明に思い出せる、あの力強い感触。峰岸の言葉にウソはない――それが、当時から変わらぬ私の心証だ。岡田が峰岸に失恋し、傷ついたというのは事実かもしれない。だとしても、それは単に10代の少女が父親のような年齢の男に淡い恋心を抱き、恋に恋して終わっただけという「世間的によくある話」だったのではないか。その過程で峰岸はきっと、大人の男として「分別のある行動」をとっていたと思う。

90分の空白への重大疑問

その後も、人気絶頂だったアイドルの自殺事件からは数々の波紋が広がった。

岡田の「死体検案書」をめぐって雑誌同士が争い、50人以上のファンの後追い自殺は社会問題にもなった。事件の後遺症からか、岡田の両親は1年後に離婚し、のちに母の孝子さんは若くして亡くなっている。

その一つひとつの出来事を検証し、考察していくことは紙幅から不可能だが、この事件に取材記者としてかかわった私が、この事件に関して今も抱いている「最大の疑問点」について述べておきたいと思う。

それは、自殺の動機はともかくとして、「岡田が死にいたった〝二度目の自殺〟は四谷のサンミュージック内で防ぐことはできなかったのか?」ということだ。

福田専務はかねがね、「ユッコは自殺未遂という、自分の引き起こした事件のスキャンダル性におののき、スタッフにどれだけ迷惑をかけたかを痛感して咄嗟の行動に出た。そういう子なんです」と彼女の自殺動機を分析していたが、そんな岡田の性格がわかっていて、なぜ守ってやれなかったのか?

一説には「スタッフは社長室で彼女を慰める反面、重大なスキャンダルを起こした彼女をきつく叱責している」とも伝えられた。もしも本当に「叱責」が自殺の直接の引き金だったら、周囲にいたスタッフの監督不行き届きである。

さらに、事件当日のタイムテーブルを振り返ってみれば、救急隊に自殺未遂の連絡が入ったのは、「午前10時20分」だった。その後、共同通信からマスコミ各社に「自殺未遂」の一報が入ったのは「11時50分」だから、90分間も経っている。この点について事務所は「本名で診断を受けたために『岡田有希子』とわかるまでに時間を要した」と説明しているが、それでも事件の第一報が救急隊出動の90分後というのは、遅すぎたのではないかと思う。岡田の自殺未遂をマスコミ各社がせめて「11時」くらいに知っていれば、取材陣は岡田が二度目の自殺を遂げた「午後0時15分」より早く、遅くとも「正午前」にサンミュージックに到着できただろう。そうであったなら、ひょっとすると事態が変わった可能性もあったのでは——と私は今もときどき思うのだ。

スクープ記者の「その後」

余談だが、岡田有希子自殺の目撃者であり、このスクープでカメラマンとともに編集局長賞を受賞した『スポーツ報知』の細貝武記者もまた、事件後に大きな渦に巻き込まれている。岡田のファンたちから「ファンでない人はなんでも書けるだろうが、彼女を応援してきたのは自分たちだ」といった電話攻勢にさらされたのだ。このことから、細貝記者は一大決心をした。

「一度だけの約束で、喫茶店で高校生らしい二人のファン代表と会いました。そして、伝えたんです。誹謗や中傷は一切掲載していないことや、私は君たちより彼女を以前から知っていて、将来が楽しみだったこと。さみしい気持ちは君たちより深いかもしれないということも……」

これで、ようやく抗議電話はなくなったという。岡田が亡くなる半年前、彼女の「激励会」がサイパンで開かれ、マスコミ各社の音楽記者が招かれているが、これに参加した細貝記者は「デビュー当時からの岡田をよく知る記者の一人」だった。

「あれから30年ですか……」

いつも繊細な性格を陽気な顔で包んで話す細貝記者が、感慨深げな表情を見せた。私より5つ年下の彼は68歳で亡くなった。

（初出・別冊宝島『日本「怪死」事件史』２００６年８月１日発行）

闇に葬られた
昭和の
怪死事件

1978年　俳優・田宮二郎の猟銃自殺

真相は大物女優宛ての「9通目の遺書」に

文＝中野信行（元スポーツ紙記者）

銃弾で焼けただれた左胸

〈田宮二郎が自宅で猟銃自殺！〉

その衝撃の一報がデスクから私の元に届いたのは、1978年の暮れも押し迫った12月28日、午後2時過ぎのことだった。私はそのとき、渋谷区神南のNHK西館14階にある放送記者クラブにいた。スポーツ紙の文化面の記者だった私は当時、放送関係と音楽関係の取材を兼務しており、その日は大晦日恒例のNHK『紅白歌合戦』に出場する歌手の音合わせ風景を取材、その合間にクラブへ戻り、正月用のテレビ・ラジオ番組の解説を作成していたのだった。

そんな1年で最も多忙な暮れの時期に、デスクは「今抱えている仕事は全部、後回しにして、田宮自殺関連の取材にあたれ」と指示してきた。そのため、私は『紅白』の音合わせ取材をそこそこに片づけ、大慌てで会社に戻らなければならなかった。

このとき、NHK内にも「田宮が猟銃自殺」とのニュースはたちまち広まり、居合わせた歌手や、そのマネージャーたちが、顔見知りの記者を見るたびに「田宮さんがなぜ?」「動機は?」と、稽古に身が入らない様子で尋ねていた光景は今も記憶に鮮烈だ。かくいう私も何人かの歌手や、マネージャーたちにそんな風に尋ねられたのだが、この時点では大した情報もないゆえ、答えに窮して困ったものだった。

その後、いろいろ情報が飛び交った田宮の自殺の動機をめぐり、芸能記者たちは年末・年始の休暇を返上して飛び回ることになる。私もその一人だった。

ここで、事件のあらましを振り返っておく。

港区元麻布にある自宅の2階寝室で田宮が猟銃の銃身を両手で支え、銃口を左胸にあて、足の指で引き金を引いて自殺したのは、78年12月28日の正午過ぎのことだった。麻布署の調べでは銃はクレー射撃用散弾銃上下2連式で、8年前に公安委員会の許可をとった米ホワイト・ライアン社製のものだった。散弾が撃ち込まれた左胸の部分は硝煙（しょうえん）で真っ黒に焼けただれ、壮絶で凄惨な状態だったという。

田宮は妻の幸子さんのほか、息子や友人宛てにも遺書を残しており、その数は計8通に及ぶ。

田宮二郎の「本当の代表作」

田宮の自殺の動機を分析する記者の多くは、『白い巨塔』との関連を重視した。

2005年にリメイクされ、再びブームを巻き起こしたこの連続ドラマは、田宮が自殺した年の6月3日にスタートした。原作は、山崎豊子が1963年から『サンデー毎日』に2年間連載した同名のヒット小説。田宮演じる医師・財前五郎が医事紛争に巻き込まれ、やがて出世欲に取りつかれながら、末期ガンで命を落とす悲劇を描いた作品である。

財前役にのめりこんだ田宮は、役づくりのためにやせ細り、最終回の死の場面は悲壮感さえ漂っていた。財前五郎と、田宮の本名・柴田吾郎は「ごろう」で一致することも、彼の自殺を同作での役づくりと関連づける関係者が多かった一因だ。

だが、この「役づくりに殉職した」という説に対し、私は疑問だった。というのも、元々は「映画スター」だった田宮がテレビの仕事で死ぬほど思い詰めるとか、逆に死にいたるほどの満足感を得るなどということは、どちらもありえないと思ったのだ。たとえ、そのときは財前役にのめりこんでいたとしても、である。

遺書に書かれていた「田宮二郎という俳優が、少しでも作品の主人公を演じられたことが、僕にとって不思議なことなのだ」の〝作品〟も、時期的にみれば『白い巨塔』のことだと解釈できるが、その解釈はあまりにも安易すぎやしないだろうか？　私はそう思った。

私にいわせれば、大映時代に勝新太郎とコンビを組んだ今東光原作の映画『悪名』シリーズこそ、田宮の代表的な仕事である。勝新太郎が演じた頑固一徹な朝吉に寄り添い、田宮演じるドライな清次はひょうきんなキャラクターで笑わせたり、泣かせたり、ちょっぴり人情味をみせたり、彼の演技は卓越していた。

古い映画記者で、田宮をよく知る人も私と同じ考えだ。その彼も「映画スターは小ぢんまりしたテレビドラマで男を上げようなんて考えていない。田宮だって、『白い巨塔』で満足なんかしていない」と、田宮のプライドが映画の世界にあったことを今も信じている。

笑顔を絶やさない洒落男

一方、広く知られるように、田宮は躁鬱(そううつ)症だった。私生活がそうだからか、映画やドラマでも「躁」と「鬱」が両極端な役柄を演じている。

たとえば、『白い巨塔』の財前五郎は、常に眉間に縦ジワ寄せた陰気なタイプ。かと思えば、『悪名』シリーズで演じた清次は、天真爛漫で、徹底して陽気な男

元来「映画スター」だった田宮二郎

だった。

私は、田宮の性格は本来、「陽気」だったように思っている。その根拠の一つが、人をあまり誉めない『悪名』シリーズでコンビを組んだ勝新が、周囲に「あいつ（田宮のこと）と一緒にいると、癒やされて楽しいよ」と目を細めて話していることだ。田宮はプライベートでも、人気女優（藤由紀子）だった幸子さんに「一生、俺にたかって生きていかないか」という名ゼリフでプロポーズ。このエピソードは『悪名』シリーズの清次を彷彿させるし、田宮の「地」を物語っている。クールガイとか、ダンディと呼ばれた田宮だが、後述する重圧や難問を抱え込まなければ、けっこう明るい人物だったに違いない。

私は実際、生前の田宮に会ったこともある。ある夏、赤坂のＴＢＳでのことだ。私はエレベーターでたまたま、田宮と乗り合わせた。二人きりだった。田宮は麻の白のスーツ姿で、上着の胸ポッケから赤いバラの花を一輪、のぞかせていた。高級なオーデコロンの香りでエレベーター内の機械油の匂いが失せていた。

当時、「田宮は若ハゲで、カツラの愛好家」という噂があった。まだカツラの普及度が低い時代で、田宮はわざわざロンドンまで出向き、カツラを新調したともいわれていた。エレベーターで彼が先に降り、私に軽く会釈した。このとき、ミーハーの私は田宮の頭部を注視した。しかし、地毛か、カツラかは判別できなかった。ともあれ、このときも田宮は笑顔を絶やさない洒落男だった。

ほんの短いすれ違いの出会いではあるが、そのとき感じた印象からも、私は田宮を長い間、どちらかといえば「躁」な俳優と信じていた。そんな背景もあるから、『白い巨塔』の財前五郎役に没頭して精神がすり減ったとか、満足感の極みが死につながったとか、そういう説に私は否定的だったのだ。

そのほかに田宮の自殺の原因として語られたものには、「家庭内不和説」「その原因となった女優・山本陽子との不倫説」「M資金を騙る詐欺に遭うなどした経済的問題説」などがある。田宮がそういった数々の重圧、難問を抱えながら、次第に精神に変調をきたしていった経緯を振り返ってみる。

M資金詐欺を信じて暴走

77年の暮れに銀座へ飲みに行ったとき、艶っぽさで売っていた元女優の浦里はる美と田宮は20年ぶりに再会する。この浦里から紹介されたのが、竹ノ下秋道なる詐欺師だった。「M資金」なる組織からの2000億円の融資話をちらつかせた竹ノ下を、経済的に窮していた田宮は信用してしまうのだ。

ありもしない2000億円の融資を背景に田宮は、大映の多摩川撮影所や東京12チャンネル（現・テレビ東京）、TBSの買収、トンガ王国の石油採掘権獲得計画などにのめりこんだ。さらに、南麻布の超高級マンション3室を約2億4000万円、自宅の隣には「迎賓館」建設用地を1億円で買い入れ、祖父の柴田永三郎が設立して休眠していた「柴田報国会」を復活させ、自らが理事長に就任してしまう。そして、この「柴田報国会」事務所の上に女優の山本陽子を住まわせたことで、不倫騒動も勃発するのである。

山本陽子との関係は後で触れるが、事業がことごとく挫折した上に不倫問題まで抱え、さらに家庭不和も囁かれるようになったこの頃から、田宮の言動に変調が出はじめた。躁鬱症である。田宮の息子であり、亡き父のあとを継いで俳優になった柴田光太郎は、当時の田宮の様子を「気持ちが高揚すると大変な暴君になり、母を再三、怯えさせた。一方ではセリフが頭に入らないと号泣することもあった」と後年、週刊誌で述べている。

とはいえ、田宮の病状は少し落ち着いた時期もある。家族は一家の大黒柱に1～2年、ゆっくり静養することをすすめ、田宮も承諾。実際、ＴＢＳとの専属契約も更新せず、『クイズタイムショック』（テレビ朝日）も降板することを決めている。

そんな折、フジテレビから舞い込んだのが、『白い巨塔』の企画だった。家族は悩むが、田宮企画の社長でもある幸子夫人に、フジ側は想像を超える出演料を提示してきた。田宮としては、「財前五郎」は10年前にも映画『白い巨塔』で挑んだ役であり、集大成にしたい気持ちもあった。そして結局、この話を受けてしまう――。

『白い巨塔』の撮影に入ってからも、田宮は合間を縫っては事業計画に奔走。負債は6億円を超えたとも伝えられている。こうして、病状は再び悪化していったのだ。

鍵を握る女優・山本陽子

このように田宮には、客観的にみれば「自殺の動機になりそうな事情」が複数あった。このなかの一つに自殺の引き金があるのか？　それとも、複数の難題が複合的に重くのしかかっての自殺だったのか？　今も謎めいている真相を唯一知っているかもしれない人間だと、私が思うのが、不倫相手とされた山本陽子である。

事件発生当時も、私は山本陽子を追っている。山本陽子の家は甲州街道をくだった、東京・国分寺にあった。私はカメラマンとともに事件発生翌日の78年12月29日から、大晦日の31日まで3日間、山本陽子の家を張り込んだのだ。

一軒家の山本家の周囲は畑が広がり、空っ風が吹くと、ハイヤーのフロントガラスが曇って視野を遮った。私は年始のテレビ番組の解説記事を書くための資料を車に持ち込み、ノルマをこなしながら山本を待ったが、とうとう彼女に会うことはできなかった。

それ以前、私は山本陽子を二度ほどインタビューしている。テレビなどで見せた日本的な和風美人のイメージとは違い、普段の彼女は思ったことをテキパキと話す「キャリアウーマンタイプ」である。恋愛観についても「相手に妻子があっても、愛は自由」と奔放で、活発だった。麻布のレストランで取材した際は、BMWの新車を自分で運転してやってきたものだ。

そんな山本と田宮の出会いは、72年にTBSで放送された『知らない同志』の共演だった。その後も翌年の『白い影』、翌々年の『白い滑走路』で共演した二人の「熱い仲」はほどなく、一部の関係者から流れはじめる。

やがて、国分寺の自宅から仕事場に通うのは不便という理由から、山本は初台のマンションに仮住まい。ここを訪れている姿も目撃されている田宮だが、フランス大使館のレセプションには、山本を堂々とエスコートしている。その後、田宮が関係するマンション（前述・柴田報国会が入っているマンション）に山本が引っ越すが、このことも週刊誌に発覚してしまう。

この山本陽子のマンション入居に憤慨した幸子夫人は、山本に電話で直接、「夫と別れるように」と説得したと伝えられている。自殺の半年前のことだった。

真相は9通目の遺書

山本が田宮の自殺後、初めてマスコミの前に現れたのは、自殺の翌年（といっても、約2週間後）の1月14日。TBSのドラマ『アヒル大合唱』のリハーサルに参加した際のことだった。姿を消していた理由について、山本は「マスコミに好奇心で追いかけられるのが怖かったから」と説明。しかし、肝心の田宮のことについて質問が及ぶと、「田宮さんは尊敬しておりましたが、田宮さんのマンションに住んだことはありません」と、田宮との男女関係を全面否定したのだった。

また、この会見で山本は、幸子夫人が「夫の自殺のあと、山本さんから電話があり、慰められた」と語ったことについても、「幸子夫人とは会っていないし、電話をした覚えもない」と否定している。なぜ、二人の話は食い違うのだろうか？

田宮は自殺する10カ月前に3億円の生命保険に加入、この保険金は「鬱病」という病気が認められ、のちに遺族に支払われている。これは経済破綻を覚悟した田宮の「借金の補填金」だったのだろうか？　もしくは、家族の行く末を案じての、夫として、父としての愛情だったのだろうか？

先にも触れた8通の遺書のほか、田宮は山本陽子にも遺書を残していたのではないかと、私は今でも疑っている。その「9通目の遺書」に、田宮の自殺の真相が綴られているような気がしてならないのだ。

※山本陽子は2024年2月20日に亡くなった。

（初出・別冊宝島『日本「怪死」事件史』2006年8月1日発行）

1995年　テレサ・テンがタイ・チェンマイで死亡

アジアの歌姫の「薬物疑惑」と「緩慢な自殺」

文＝有田芳生（衆議院議員・ジャーナリスト）

最後に会った日本人として

ある朝のこと。いつものようにパソコンを起動させてメールを見ていた。未知の人からのメールは、たいてい宗教関係の相談事か、日記やテレビでの発言についての感想が多い。そのなかの一通にざっと眼を通していたときに「おやっ」と思った。中国人のなかでテレサ・テンは生きているという噂が広がっているというのだ。証言者はテレサが亡くなったタイのメーピンホテルの従業員だという。彼女が亡くなったのは1995年5月8日。ある在日中国人3世からのメールにはあらましがこう書かれていた。

〈生前のテレサさんは私に似ている遺体はないかと探していたそうです。死亡したというのはウソで、整形手術をして、今でもパリで生きているのです〉

テレサは1980年代に何度も死亡説が流れた。

それは父親の葬儀に参列しなかったときと、消息が途絶えたときのことである。その後、来日した彼女は「香港のいいかげんな雑誌が書いたこと」と、怒るよりも呆れたように語っている。父の葬儀に参列できなかったのも、肺炎で入院していたからであった。パリから台湾まで戻ることが肉体的に無理だったのだ。しかし、生存説まで出ることは初めてのことだ。

テレサ・テンという歌手は、日本で印象づけられてきたようなただの「演歌歌手」ではなく、中国と台湾の現代政治のなかで、意識的に生きてきた女性である。死亡説や生存説の根拠もそこにある。

私はテレサ・テンと最後に会った日本人の一人として、彼女の人生を『私の家は山の向こう　テレサ・テン十年目の真実』（文藝春秋、2005年）にまとめた。そこでは「スパイ説」や「死亡説」も含めて、関係者からの聞き取りや資料の発掘を行うことで、様々な疑惑の真相についても詳細に記しておいた。ただ、遺族とテレサへの配慮からあえて書かないこともあった。それには理由もある。ところが驚いたことに写真家の藤原新也さんはそこを見抜いていた。「新潮ドキュメント賞」の選考文のなかで藤原さんはこう書いている。

〈とくに彼女の死因に関して著者は書けないことを臭わせるような書き方をしているようにどうも私には感じられるのである〉（『新潮45』05年10月号）

すぐれた読者とは、筆者の意図さえ見透かすものである。その「書けなかったこと」とは、たしかに彼女の死因に結びついていたのかもしれない。その事情をここに記録しておく。

「スパイ説」「謀殺説」のつくられ方

すべての「疑惑」の前提となるのが「スパイ説」である。彼女が亡くなった1995年から今までに放送されたテレビの特集では、歌番組と私がかかわったもの以外では、ほとんどがおもしろおかしくスキャンダラスに「スパイ説」「謀殺説」を振りまいてきた。テレサ・テンにまつわるこの疑惑をコンパクトに表現した番組がある。フジテレビの『人に言えない裏人生』である。放送されたのは2004年2月6日金曜日。あの夜のことは今も忘れない。銀座シャンテ・シネで韓国映画『ラブストーリー』を観た私はタクシーで代々木にある串焼き屋「馬鹿牛」に急いだ。午後9時から2時間の番組は、前半が都はるみさん、後半でテレサを扱うことになっていた。『人に言えない裏人生』というタイトルからして明らかな低俗番組にテレサが取り上げられると知ったときから、すでにその内容が予感された。

私は都はるみさんについての著作もあり、ご本人はもちろん、スタッフとの交流もある。「どうなんですか」と電話で訊ねたところ、「事実と違うことが予告で流されているからやめるように申し入れたんです」と都はるみ事務所の中村一好さんから聞いていた。「危ないな」と思った。それは都はるみさんのように日本にスタッフがいれば、事前に問題を指摘できるのだが、テレサの家族は台湾にいるから、その内容は制作サイドの「垂れ流し」になる可能性があった。代々木の店に着いたのは午後9時半すぎ。店主にカウンターの一番奥の席を空けておいてくれるように頼んだのは、その前にテレビが置いてあるからだ。番組では都はるみさんのコーナーの後半部分が放送されていた。やがてテレサ・テンの物語がはじまった。私は焼酎を飲みながら箸袋に感想をメモしていった。

細かい事実誤認は番組の半分あたりですでに10を超えていた。誤認ではなく虚偽と捏造が行われたのは、テレサが日記を書いていたというくだりである。「今朝、夢を見た」と書かれた筆跡はもちろん本人のものではない。テレサには日記をつける習慣はなかったから、そもそもありえないストーリーなのだ。たちが悪いのは、そうした捏造物語のなかに、いきなり『週刊宝石』の記事が大写しで出てきたことだ。「テレサ・テンは20年間、秘密諜報員だった!!」というタイトルだ。テレビを観た視聴者は、日記が遺されていたと思うだけでなく、テレサは「秘密諜報員だった」と強く印象づけられたことだろう。私はその夜にホームページの日記で番組の問題点を書いた。すぐに『週刊新潮』の記者から連絡があり、翌週号で取り上げられた。数々の具体的疑問に対して、フジテレビの広報部長はこう答えた。

「1996年の『テレサ・テンの真実』という信憑性の高い評伝があり、そのなかの彼女の言葉をつなぎあわせた。許容範囲内の演出だと考えます」(04年2月19日号)

私は「またか」と驚き、呆れた。

『週刊宝石』の記事は95年7月20日号に掲載された。のちにTBSの『情報スペースJ』が「テレサ・テン怪死の真相」を放送(95年10月11日)、さらに『週刊アサヒ芸能』が「テレサ・テンは国際スパイとして日本　香港　フランスで暗躍した!」という記事を掲載する(95年12月7日号)。さらに『テレサ・テンの真実』が96年に発売された。TBSの番組も、『週刊アサヒ芸能』の記事も、『テレサ・テンの真実』の著者が、谷正文という人物から聞いたことを根拠にしていた。谷によれば、テレサは台湾の国家安全局「第三処」に所属し、諜報活動に取り組んでいたという。その話を聞いた『テレサ・テンの真実』の著者は、「谷証言はかなりの具体性を含んでおり、その場にいあわせた者でなければわからないことも多い」「調べれば調べるほど、テレサ・テン諜報員説は充分ありうると思える」と取材から得た心証を書いている。

「テレビ局の人から頼まれた」

これらの情報が日本で報じられたとき、私はただちに台湾へと向かった。谷本人から話を聞き、テレサが本当にスパイだったかを確かめるためであった。実はテレサがスパイだったと最初に報じたのは、台湾の娯楽雑誌『独家報道』だった。そこでも証言者は谷であった。この記事が共同通信から配信され、日本では毎日新聞の国際面でコラムとなり、さらに『週刊宝石』の記事になったのがことの経過である。当時84歳の谷は自宅アパートの応接間で対応してくれた。好々爺でひとのよさそうな人だなというのが第一印象だった。まず最初に週刊誌の取材経過を聞いた。谷は言った。「週刊誌だと名乗る人が電話をしてきたんだ」。「どのくらいの時間ですか」と聞くと「20分くらい」と言う。相手は中国人だというから、恐らくは週刊誌の依頼を受けた現地コーディネーターのような存在だったのだろう。

週刊誌ではテレサが「スパイとしてスカウト」され、「国家安全局第三処の管理下にある」と書かれていた。「この根拠は」と聞いたところ、谷はいささか苦渋の表情をして、しかし弁解するような口ぶりでもなく、いとも簡単に「そんなことは言っていない」と答えた。相当に構えていたはずの私は唖然とした。それからは否定の連続なのだ。記事によれば国家安全局でテレサに会ったはずなので、そこをただすと「いや会ったことはない」と語り、こう付け加えるのだった。「あるレストランで歌うのを見たことがある」。拍子抜けとはこういう経験をいう。

ところがのちにわかることだが、この数日前に谷は、『テレサ・テンの真実』の著者に「テレサはスパイだった」と答えていたのである。帰国した私が驚いたのは、スパイ説を否定した谷が、再びテレビで「スパイだった」と語ったことである。再び私は台湾へ向かった。谷に再会して事情を聞いて愕然とした。「テレビ局の人からそう言ってくれと頼まれたんだ」。

私はテレサの母の趙素桂さんにこの「スパイ説」について聞いたことがある。テレサが13歳で歌手デビューしてからずっと側にいたからだ。趙さんは笑いながら「そんな接触は一度もありませんでした」と語った。なぜテレサ・テンがスパイだったという噂がまことしやかに流れてきたのだろうか。それはまず彼女が「愛国芸人」として軍隊に協力してきたことが大きいだろう。中国大陸と台湾の熾烈（しれつ）な国際政治の狭間にあって、民衆に影響力があるテレサ・テンは、政治的「綱引き」の対象であった。台湾政府が彼女の軍隊慰問を大きく報じる裏で、中国は80年代後半から極秘裏に接触を図る。あるルートを通じて入手した中国共産党の機密史料には、政府レベルでテレサを大陸に招聘（しょうへい）するための組織が設立され、機能していたことがわかった。

テレサ本人も天安門で歌うことを決意した時期がある。100万人を集めて無料コンサートを開くことが夢であり、中国政府もそれを認める気配が濃厚だったのだ。その期待が崩されたのが89年6月4日に起きた天安門事件である。失意に落ち込んだ彼女は拠点を香港からパリへと移し、フランス人の恋人ステファンと

日本と中国・台湾では別の「顔」があった
テレサ・テン

暮らすようになる。すでに歌手としての生活よりも精神の安定を求めるようになった時期である。「あの事件のことを思い出すと歌えないんです」と私の前で涙ぐんだこともあった。タイのチェンマイで休暇を過ごすようになり、そこで亡くなったときに「殺されたのではないか」と囁かれたのも、天安門事件に公然と反対したテレサの勇姿があったからだ。

「みんなで大麻を吸いましたよ」

テレサ・テンがチェンマイのメーピンホテルで倒れたときのことは、ホテル従業員、担当医師、警察署などから資料の提示を含めて詳細に調査を行った。その前提として、彼女がホテルでどのような生活を送っていたのかを日時を追って調べもした。喘息(ぜんそく)の発作が起こり、94年の12月30日には緊急入院していたこともわかった。当時のカルテには「喘息」と明記されている。そして運命の日の5月8日については、早朝に届けられた食事の時の様子から、午後5時半頃に部屋から助けを求めるときまでの詳細な情報も得た。病院の作成した検死書には「喘息の悪化による呼吸不全」と書かれている。警察の書類にも同様の記述がある。「エイズ死」との噂も流れたが、これも病院のカルテで明確に否定されている。

このように「スパイ説」「謀殺説」「エイズ説」などなど、あまたの否定的報道にさらされてきたテレサ・テンだが、私が知っていて詳しくは書かなかったことがある。

それは薬物使用疑惑についてだ。

あるとき、テレサを育てた舟木稔に、彼女に近い人物から情報が寄せられた。「大麻を吸っているかもしれない」というのだ。ちょうど勝新太郎が大麻所持の現行犯で逮捕された頃の話だから90年のことである。舟木はただちにパリへと向かった。凱旋門の近くにあるカフェ「フーケ」の2階の個室でテレサは舟木と向かい合った。舟木は薬物の噂について彼女に率直に問いただした。すると「そんなことは絶対にありません」と強く否定し、「誰がそんなことを言っているんですか」と情報源を何度も聞いてきたという。完全な否定に舟木は彼女の言い分を聞いておくしかなかった。

私が書かなかったのはこの問題である。こんな証言を得ていたのだ。著名なある音楽関係者としておく。その男性はテレサとパリで一緒だったときのことをこう語った。

「あぁ、みんなで大麻を吸いましたよ。テレサも一緒でした。特別なことではなかったですからね」

海外のミュージシャンにとって、大麻などの吸引はとくに珍しいことではない。しかし、日本で所持すれば犯罪であり、発覚すれば逮捕され、ワイドショーのみならず、ニュースで大きく報じられ、糾弾される。芸能活動は休止を余儀なくされ、そこからの復帰には相当の時間が必要となる。舟木が心配したのも当然であった。

この問題を著作に明確に書かなかったのは、テレサが日本人でもっとも信頼する舟木に否定をしたからであり、亡くなっている本人から直接話を聞くことができなかったからである。それに私の著作は彼女の私生活を暴露するのが目的でもなかった。しかし、今思えば、早すぎる死にこの薬物問題が影響していなかったかとの疑問がある。それは95年5月8日、タイのチェンマイにいるステファンから台湾にかかってきた電話の意味である。テレサが亡くなったとき、ステファンは台湾にいる彼女の弟ジム・テンに連絡をした。弟は不在で、電話に出た弟嫁は、彼が取り乱していたことが気になった。連絡がつき、ジム・テンにそう伝えたときのことだ。

「どうせ大麻かなにかで逮捕されたんじゃないかと思いました」

と、ジム・テンは私に証言したのだった。テレサの家族にとって、ステファンは好ましからざる存在であった。

14歳年下の彼の「大麻」疑惑

89年の天安門事件で傷ついたテレサは、その年にパリでの暮らしを始める。そこで音楽活動を再開したとき、スタジオにたまたまいたのが自称カメラマンのステファンだった。14歳年下の彼は、テレサの関係者にすれば「精神安定剤」のような役割を果たしていた。天安門事件の傷心を埋めるべく、テレサはフランス全土を巡り、休暇ではタイのプーケットに出かける。費用はもちろんすべて彼女が出していた。テレサの家族が不満を持つのは当然であった。ときには仕事より遊びのスケジュールを優先するようなこともあった。ジゴロのステファンは、彼女の家族にとっては「危ない」存在にも映っていた。チェンマイからあわてた電話があったとき、「大麻では」という疑念が弟の心にすぐに浮かんだのは、日常的にそう思われていたからである。ステファンと親しかったジム・テンにとって、大麻吸引の具体的根拠があったのだろう。

そこで問題はテレサ・テンの急死と大麻吸引の関連があるかどうかである。結論からいえばステファンが証言しないかぎりわからない。しかし、可能性がないとも言い切れないのだ。最後の来日となった94年10月24日に私は仙台でテレサに会う。そのときの彼女の体調は最悪で、立っていることさえままならない情況だった。いつもの「Vサイン」で笑顔の絶えないテレサはそこになく、悄然（しょうぜん）としてか細い声だった。家族には「風邪をこじらせた」と説明していたが、体調悪化は翌年まで継続する。香港やチェンマイで喘息の薬を処方してもらい、死の当日まで常用する生活は続いた。ホテルの部屋は煙草の煙で充満していたという従業員の証言も聞いた。

喘息で苦しむテレサと同室にいたステファンの無神経ぶりには呆れるばかりだ。そこでさらに想像を交えれば、ステファンはホテルの部屋で大麻を吸引することはなかったか。それをテレサにすすめることはなかったか。テレサの大麻吸引疑惑を延長していけば、「喘息の悪化による呼吸不全」にも深い影響を及ぼした可能性は否定できないのだ。

事実の発掘と組み合わせによるノンフィクションの執筆において、想像力をどこまで駆使するかという問題がある。私は事実をして語らしめるという方法を取った。テーマと離れるので方法論については触れないが、問題の構造はこうだ。テレサ・テンには大麻吸引疑惑があった。それを証言する人物もいた。しかし、本人は頑強に否定した。私は本人にその問題を聞く機会はなかった。そこで「踏み込む」かどうか。私は最終的に本人から確認できないことは書かないという立場を選んだ。

「緩慢な自殺」の道に進んでいた

ここからは私の想像である。テレサ・テンは「緩慢な自殺」の道に進んでいたのではないか。しかも無意識にである。台湾でデビューしたテレサは、中学を中退し、好きな歌手の生活を送りながら家族を支えていた。10代にして台湾はもちろんのこと、香港やベトナムなど、東南アジアで確固とした地位を占める。日本でデビューした74年からは、私たちの眼には「演歌歌手」としての印象を与えてきた。ところが「偽造パスポート事件」をきっかけに彼女はアメリカへ渡る。そこで憧れていた大学で勉強をしたとき、「歌手を辞めて医者にでもなろうか」と本気で思ったことがある。この70年代後半は、中国大陸でテレサの曲が「精神汚染」だとレッテルを貼られ、禁止される。それだけ民衆のなかにテレサの歌声が浸透していたのだ。

その政治的動きを利用したのが台湾政府である。テレサに帰国を促し、パスポート事件は不問に付すから、軍隊に協力するよう求めたのだ。テレサは迷う。しかし、父や兄が軍出身だったこと、父母の祖国である中国の民主化への思いが強かったこともあり、帰国をきっかけに軍隊への慰問を始めた。一方で中国も新聞記者や通信社幹部を接触させて、大陸でのコンサートを実現させようと動き出した。上海や北京でのコンサート開催の具体的申し入れもなされた。台湾政府も知らない工作活動が進行していた。そこに起きたのが天安門事件であった。

失意のテレサはパリに移り、歌手活動をほとんど休止してしまう。パリで出会った亡命者たちとの交流も始まるが、そこでも裏切られたとの思いに駆られる。それでも最低限の仕事は続けなければならず、年に一回は来日し、テレビ出演やマスコミの取材をこなしていた。しかし、生活の比重はすでに歌手から離れていた。喘息の症状が悪化したとき、完璧な治療に専念していれば、死を招くことも避けられただろう。残念なことに、同居していたステファンにテレサの健康を慮る(おもんぱか)だけのやさしさはなかった。テレサもまたそうした生活に甘んじていた。

死の1週間前、しかし、テレサは台湾にいる弟のジム・テンに長い電話をかけている。これからの音楽活動の目標を語っているのだ。それは中国の古典詩に現代的な曲をつけて話題となった『淡淡幽情』というアルバムの続編を制作することへの意欲であった。そのために自分で作詞もしていた。あくまでもテレサ・テンは音楽家だったのである。しかし、すでにこの時期には病魔が彼女の身体深くを襲っていた。天安門事件以降の彼女の精神は深く傷つけられていた。そこに重なった病魔を治療しておいたならば、95年5月8日に急死することはなかったはずだ。

「スパイ説」「謀殺説」「エイズ死説」になんら具体的な根拠はない。誤報というよりも捏造であったと断言してもよい。こうした噂がさも本当であるかのように広がったのは、とくに日本の週刊誌による報道姿勢にあった。しかし、テレサ・テンという女性の42年間の人生には、歌手という側面だけではない政治的「顔」があった。とくに香港や台湾でその側面が強調され、そうした「顔」をあまり知らない日本のマスコミがさらに増幅したのである。

医師の忠告にもかかわらず、彼女はどうして専門的な治療を受けなかったのか。それはすでに歌手テレサ・テンの精神よりも、天安門事件以降の引き続く傷心が生活の基本となってしまっていたからだろう。治療を要する病気であるのに本気でそれを受けとめることをしない――それを私は「緩慢な自殺」と呼ぶのである。テレサの母の趙素桂は、「側にいたのにどうしてちゃんと面倒を見なかったのか」とステファンの態度を批判していた。そうだとは思う。しかし、それ以上にテレサ本人が治療を受けつけなかったのは、「生きる力」が減退していたのではないか。歌手としての再生への意欲よりも、病魔のエネルギーが勝ってしまい、そして無念の最期を遂げたのがテレサ・テンの人生であった。

（初出・別冊宝島『日本「怪死」事件史』2006年8月1日発行）

第二章

政治の闇

1983年　中川一郎代議士縊死事件

鈴木宗男が告白「恩師殺しの汚名をそそぐ」

文＝宮島 理（フリーライター）＆編集部

大バッシング報道の引き金

2002年、外務省をめぐる騒動を経て、鈴木宗男衆議院議員が逮捕された直後、〈鈴木宗男逮捕で真相告白　夫・中川一郎は他殺でした〉という記事が『文藝春秋』8月号に掲載された。故・中川一郎氏の妻である貞子夫人へのインタビュー記事だ。聞き手はジャーナリストの加藤昭氏である。

中川一郎怪死事件について、数々の証言を行ったあと、夫人は最後に次のような受け答えをしている。

〈加藤「では、この全体の状況から夫人は、今までご主人の死に対して、どういう感想をお持ちになってきましたか」

夫人「私は今でも他殺だと確信しています」

加藤「なるほど。では誰が？　ご主人の殺害に鈴木宗男の関与はあると思っていましたか」

夫人「それはみなさんのご想像にお任せします」〉

読み手によっては、鈴木氏が中川氏を殺したように受け取られかねない微妙な言い回しだ。危うく犯人扱いされそうになった鈴木氏だが、当時は拘置所のなかにいて、当然、反論はできなかった。

中川氏が死にいたった経緯、および中川氏と鈴木氏の関係などをおさらいしておく。

生前の中川一郎氏は、「北海道のヒグマ」と呼ばれた豪胆な政治家で、世間的には１９７３年の「青嵐会」設立メンバーとして広く名を知られるようになった。

小規模ながらも「中川派」という派閥の領袖であり、将来の総理大臣と目されていた。82年秋には自民党総裁選に出馬。敗れはしたものの、誰もが総理への第一歩を踏み出したと思っていた。

ところが翌83年1月9日未明。北海道札幌市の札幌パークホテルに滞在中の中川氏は、突然この世を去る。死因は当初「急性心筋梗塞」とされたが、のちに「縊死」、つまり「首つり自殺」であることが判明する。

将来有望な自民党の有力政治家が〝自殺〟したことに世間は驚き、その原因をめぐって、様々な憶測が飛び交った。他殺説や陰謀論を信じる人も少なくなかった。一体、「自殺」の原因はなんだったのか。中川氏を追い詰めたものとはなにか。

事件当初のメディアは、警察情報の通りに、「総裁選で疲労極限」「ノイローゼ状態・直前にも睡眠薬」といった書き方をしていた。つまり、総裁選の疲労と精神的ショックに、睡眠薬摂取などが加わって、衝動的に自殺にいたったという「総裁選原因説」が〝公式〟のストーリーだった。

これに対して、巷(ちまた)で現在にいたるまで論議になっている有力な説が、鈴木氏が主原因だったとする「鈴木宗男原因説」と、夫人が主原因だったとする「中川貞子原因説」である。

「鈴木宗男原因説」とは、どういうものか？　議員になる前の鈴木宗男氏は、中川氏の秘書だった。大学在学中から中川事務所に出入りし、以来、ずっと秘書を務めていた。しかし、金銭管理などを任せ、全面的に信頼していた秘書に、突然、「参院選に出馬する」と言い出されたことで、ショックを受けた中川氏が精神的に追い詰められていった。これが、一般的な「鈴木宗男原因説」のあらましだ。

そして、ここで留意すべきポイントが、この「鈴木宗男原因説」の火元が、中川氏の妻・貞子さんが中川氏の死後に発表した告白手記だということだ。

たとえば、貞子夫人は手記（中川貞子『夫・中川一郎「死の真相」』、『文藝春秋』85年1月号）のなかで以下のように生々しく表現している。

〈主人が、死の直前、衰弱し切っていたのは、総裁選の疲労からでも、借金苦からでもありません。信じ切っていた秘書、鈴木宗男の裏切りともいうべき行為と、それにともなう確執が原因です……前々からすべての用意をしておりました鈴木秘書が、突然、参議院議員選挙に出たいと、主人に激しく迫り出したのです〉

また、この手記で貞子夫人が告白したところによれば、中川氏と鈴木氏の間では、次のようなやり取りもあったという。

〈中川「君、なにを言うんだね。僕が何年か後には準備期間を置いてから、君の希望に叶う様にしてやるが、今は駄目だ‼ 僕だっていろいろと廻りの情況を考えなくては、できないし、第一君はまだ若いだろ。僕は、38歳で初当選したんだ。そんな無茶を言うもんじゃないよ……君、出る出るってさわぐけど、資金の準備だってあるだろ。急に、資金の準備は無理だよ」

鈴木「一日、二日あれば、五億、六億位は簡単に準備できます‼……代議士、そんなに代議士が反対なら、僕はほかの派閥から出ますよッ‼……僕は暴力団ともつながっているんですからね、代議士だって困るでしょう」〉

引用はここまでにとどめるが、貞子夫人の主張は要するに「自民党の総裁候補でもあった大物政治家の中川一郎は実は生前、闇社会ともつながりを持つ極悪秘

中川一郎は将来の総理と目されていた

書の鈴木宗男の意のままにあやつられ、ときには恫喝もされていた。ひいては、死を選ばねばならないほど、精神的に追いつめられていった」ということだ。そして、このことから鈴木氏は「恩師を殺した男」「恩師を裏切った男」などと大バッシング報道にさらされることになったのだ。

また、中川氏の死後最初に行われた衆議院総選挙（83年12月18日）において、鈴木氏と、中川氏の長男の昭一氏（のちに農林水産大臣）がともに旧北海道5区で初出馬し、中川氏の跡目争いを展開。この際、鈴木氏には中川氏の兄弟、昭一氏には夫人サイドがついたことから、メディアにはこの選挙戦を「骨肉の争い」と揶揄（やゆ）された。なお、当時は中選挙区制だったこともあり、鈴木氏と昭一氏はともに初当選している。

鈴木宗男氏インタビュー

――中川氏の死後、鈴木さんが衆院選に立候補した際、中川氏の後継に息子・昭一氏を推す「ある人」が鈴木さんに対し、「選挙に出るな」と要求したという説

が一部にありますが。

鈴木　選挙に出る前、ある人に二回ほど、「出るな」と言われたのは事実です。「お前なんかに出る資格はない」って。でも、その席に同席していた久保さんという人（＝『東日貿易』社長・久保正雄氏）が、その人にこう言ってくれたんです。「それはおかしいよ。イッちゃん（中川氏の愛称）は、自分の後継は鈴木だって言っていただろう。息子にあとを継がせたいだなんて、ひと言も言ってなかったじゃないか」って。久保さんっていうのは、大野先生（＝大野伴睦氏、衆議院議長や自由民主党副総裁を歴任した政治家）のお世話をしていて、デヴィさんをスカルノ（インドネシア元大統領）に紹介した人ですが、久保さんは公平な人でしたからね。

――なぜ「骨肉の争い」といわれる選挙になってしまったのか。

鈴木　その事実関係は調べてもらえれば、すぐにわかります。中川先生の弔い選挙では、議員会館にいた中川先生の秘書全員が、（昭一氏ではなく）私についてくれているんです。さらに、中川先生のご兄弟も、私を応援してくれました。仮にですよ、私が中川先生を苦しめた自殺の原因なら、ご兄弟は私についてくれるはずがないでしょう。

もっとも、中川先生が亡くなった当初、私自身は衆院選に出るつもりはなかったんですよ。というのも、私は中川先生にお仕えした13年間ずっと、それこそ盆も正月もなく務めてきたんです。中川先生は一番（総理大臣）にはなれずとも、二番か、三番にはなれる人だと思ってましたからね。なのに、あのようなかたちで突然お亡くなりになり、もう気が抜けてしまって……。私は当時、まだ34歳でしたけど、人の倍の人生を生きたと思ってましたから、70年生きたと思えば、「あとは田舎に帰り、農業でもやろうかなあ……」とさえ思いましたからね。

裏切り者呼ばわりの真相

――では、そこから気を取り直し、衆院選に出馬するまでの経緯とは？

鈴木　まず最初に、私を応援してくれていた人たちのうち、とくに若い人たち、肩書きのない人たちが「鈴木は選挙に出るべし！」と言いはじめましてね。そのキッカケが、ＮＨＫの『ルポルタージュにっぽん』という番組です。私のことを「日本一の秘書を追いかける」というテーマで放送してくれたんですけど、このテレビを観た人たちは熱心でしたね。

――そのあと押しを受けて、出馬を決意した？

鈴木　いえ、最終的に出馬を決めたのは、そのときではないですね。というのも、その番組が放送されたタイミングが悪かった。番組自体は半年前から収録されていて、放送日も本来は12月に、と決まっていたんですけど、その放送日がよりによって、中川先生の葬式の日にぶつかってしまったんです。だから、私の出馬を推す声が盛り上がる一方で、この番組を観た中川先生の奥さんは「鈴木はＮＨＫを使ってまで、選挙に出ようとしているのか」と邪推されてしまった。

――息子の昭一氏に中川氏の後を継がせたい貞子さんが、鈴木さんを貶めるべく、あのような中川氏の死の原因が鈴木さんだとする手記を発表したというわけですか？

鈴木　奥さんサイドから、いろんな話が出てきて、鈴木宗男バッシング（報道）

が盛り上がるなかで私は一度、立候補を断念しているんです。というのも、三塚先生（＝三塚博氏。外務大臣、大蔵大臣などを歴任した政治家）に「これ以上、騒がれちゃいかん」と説得されまして。しかし、立候補をやめることにしても、バッシングはまったく止まらない。そこで、私を応援してくれる側の人たちが「やっぱり、立候補するしかないだろう」というムードになりまして。松山（千春）さんも「宗男さんは一回、立候補を断念したことで、なにがなんでも議員バッジをつけたいわけじゃないということはわかってもらえた。その上で支持者が改めて立候補しろって言ってるんだから、乗っかってもいいんじゃないか」と言ってくれましてね。

――出馬と前後して、ご家族もバッシング報道のなかでつらい目にあっていたそうですが、家族のことを考え、出馬を取りやめようとは思わなかったのですか？

鈴木　むしろ逆で、立候補をためらう私を家族があと押ししてくれたんです。女房には「このまま引き下がったら、あなたは一生、中川先生の自殺の原因になった人殺しだといわれますよ」と言われまして。子どもたちも、まだ長男は小3、次男は小1だったんですけど、「お父さん、闘おう」と言ってくれた。あのとき、女房に「これからは静かに生きましょう」って言われたり、子どもたちが黙っていれば、政治家・鈴木宗男はなかったでしょうね。

骨肉の争いの舞台裏

中川氏の死の原因として「実は鈴木氏ではなく、貞子夫人が原因」とする「中川貞子原因説」もある。この説が出てきたのは、貞子夫人の手記の信憑性を疑ったジャーナリストの内藤國夫氏が、生前の中川氏の人間関係などを取材し、『悶死――中川一郎怪死事件』（草思社、85年）なる本を上梓するなどしたのが発端だ。

以下、その一部を引用してみよう。先に引用した貞子夫人の告白手記とくらべると、鈴木氏の参院選出馬問題をめぐる描写ひとつとっても、あまりにも両極端な内容となっている。

〈1982年12月29日の夜中から明け方まで、中川氏と夫人は次のような口論を

中川一郎の右後方に秘書時代の鈴木宗男

していたという。

夫人「鈴木はあなたに楯ついて、参院選に出ようとしたんじゃないですか。今度こそ、なにがなんでも切ってしまいなさい」

中川「いや、鈴木問題は今夜八時に完全解決したんだ。『参院選には出ない。初心に返って頑張ります』ちゅうて、俺に手をついて謝った。鈴木を切るわけにはいかないんだ」

夫人「もうわかりました。勝手にしたらいい……鈴木を切らないと、あなた自身がダメになってしまうんですよ。鈴木への反発で、あなたの後援会も解散されます。あなたが殺されてしまうんです。ウソだと思ったら、後援会幹事長の伊賀さんに電話で聞いてみたらいい。さあ、すぐに電話しなさい」〉

さらに、この『悶死』によると、貞子夫人の告白手記では、「極悪秘書」だったはずの鈴木氏が、実は中川氏に「妻以上」に信頼されていたということになっているのだ。以下、同書のなかに出てくる中川氏の発言部分を引用する。

〈女房と別れることはあっても、鈴木君と別れることは絶対にないな……女房が居なくても俺はやっていけるけど、鈴木君なしには、一日だって生きていけない。鈴木君は俺にとって、それだけ大切な存在だし、女房よりも俺に尽くしてくれているんだ〉

この『悶死』によると、実は夫人は鈴木氏を嫌っており、中川氏は夫人と鈴木氏との間で板挟みの状態だったという。また、結婚以来、夫人から離婚話を切り出されることもしょっちゅうで、それは何十回と繰り返されてきたと述べられている。中川氏と夫人のこのような関係が同書で書かれたことなどから、離婚騒動が中川氏の死を招いたという「中川貞子原因説」も、まことしやかに語られるようになったのである。

参院選出馬問題の実態

――中川氏の自殺当初、死因が「心筋梗塞」と偽って発表された理由はなんだったのでしょうか？

鈴木 それは、奥さん（貞子さん）に聞いてほしいですね。私が決めた話じゃないんですから。最初から、私に任せておけば、なにも問題はなかったんです。でも、私のことが嫌いな奥さんは、高木さん（＝高木正明氏。当時・参議院議員）に任せてしまった。そのとき、高木さんは可哀想でしたよ。なにも事情がわからないから、話の辻褄が合わなくなってしまって、警察に事情聴取までされてしまってね……（※高木氏は最終的に診断書への虚偽記載教唆の罪で略式起訴され、略式命令を受けた）。

――高木さんらが本当の死因を隠した理由はなんだったと思いますか？

鈴木　少なくとも、死因を「隠す」という意識はなかったでしょう。あれはやっぱり、中川先生の名誉を守るための行為だったように思います。

――では、次は中川氏の死の前年にあった、鈴木さんの参院選出馬問題について聞かせてください。過去、この問題を報じる記事はほぼ例外なく、秘書時代の鈴木さんが国会議員になるチャンスを狙い、虎視眈々と暗躍していたというニュアンスになっています。

鈴木　私が参院選への立候補を考えたのは、第一に周囲に私を推す動きがあったからなんです。私が秘書のままでいるより、国会議員となって中川先生を応援したほうが、中川先生のためになるのではないか、と周囲は考えたわけですね。そのことについては、中川先生も「一つの手だな」と思われていたんです。ただ、実際に私が立候補すれば、選挙区の北海道にはすでに現職の自民党議員がいるから、敵をつくってしまうことになる。それに、中川先生は私が手元を離れたら、仕事にならないかもしれないという心配もあったと思うんです。なにしろ、二人はずっと、「ホモじゃないか」といわれるほど、ピッタリくっついていたんですから。ただ、この私が参院選に出馬する、しないという問題は年内（＝自殺の前年）に決着がついていたんですよ。

――鈴木さんの参院選出馬問題については、驚くべき報道が飛び交ってきましたね。鈴木さんが「なんとしてでも出馬する」と中川氏に反論して暴れ狂ったとか、出馬を見送った際には「代議士、僕にあやまれ！」と中川氏に頭を下げさせたとか……。

鈴木　冷静に考えれば、わかる話だと思いますが、中川先生は自民党総裁候補になったほどの政治家ですよ。その中川先生に対し、当時の私がそんな大それた真似ができると思いますか？　つくられた話です。それに先ほども話しましたが、私が本当にそんなふうに中川先生を苦しめていたら、先生のご兄弟が私を支持してくれるわけないじゃないですか。

――貞子さんの告白手記によると、参院選出馬問題が持ち上がっていた中川氏が死ぬ直前の83年の元旦、中川氏が最後の力を振り絞るように鈴木さんに対して、鈴木さんの頭を20～30回、悲痛ななにかが乗り移ったかのように殴り続けたというようなことが書かれています。

鈴木　それも常識的に考えれば、メチャクチャな話だとわかるはずです。私が逃げもせず、20～30回も黙って殴られ続けると思いますか？　それと、20回も30回も殴ったとなると、中川一郎先生の人格が問われますよね。なぜ奥さんが自分のご主人のマイナスになるようなことを言うのでしょうか。あれは、「お前がいなきゃ、困るんだよ」と中川先生から、頭にコツンとゲンコツが飛んできただけの話。いわば、父親が息子にやる愛のムチのようなものですよ。

「つくられた」告白手記

——当時は鈴木さんが中川事務所の金庫番だった立場を利用し、中川家の生活費全般までとりしきって質素な生活を強いる一方、自分は着々と私腹を肥やしていたという報道もありました。

鈴木　それも、根も葉もないというか……。たしかに私は中川先生に、お金に関することを全権委任されていた。でも、それは一番信用されていたからです。私は秘書時代、中川先生が用事があるって言えば、夜の11時だろうが、12時だろうが、常に10分から15分で行けるところにいましたからね。そういった話は永田町では伝説になっているし、赤坂のお座敷なんかでも、中川先生はよく「女房と別れても、鈴木とは別れない」って言ってました。中川先生と私の関係が本当はどうだったかは、ちょっと調べれば、すぐにわかることなんです。

——中川氏が鈴木さんを信頼していたことに対し、貞子さんが嫉妬したり、そのことがひいては夫婦の不和の一因になって中川氏が苦しんでいたという点について、なにか心当たりはありますか？

鈴木　それはまだ、言うべき時期じゃありません。

――貞子さんの手記が最初に『文藝春秋』に出たとき、どんなふうに思われましたか？

鈴木　やっぱり、つくられてる感じはしました。にもかかわらず、私があのとき、一方的に叩かれるばかりで一度も反論しなかったからこそ、「中川先生のことを一番心配しているのは鈴木だぞ」ということが、後援者のみなさんにわかってもらえたんです。それに選挙区の人たちだって、私が中川先生にどれだけ尽くしたかは、普段からよく見ていてくれました。だからこそ、あのときの衆院選で、私は「自民党の非公認」で、なおかつ「人殺し」扱いされながらも当選できたんです。

――内藤さんの『悶死』では、中川氏の兄弟が貞子さんを悪女のように言う描写が出てきている？

鈴木　私のコメントすることではないですが、かつての選挙区のみなさんは、（貞子夫人に）どういう思いを持っているか、調べればわかることです。

「一連の記事は全部デタラメ」

――2002年、中川氏の死に鈴木さんが関与したかのような報道が再燃しました。鈴木さんが逮捕されたとき、加藤昭さんというジャーナリストを中心に、

鈴木　そういった一連の記事は全部デタラメですが、とくに、あの加藤昭という男が書く記事はひどかったですね。加藤昭だけは個人的に（裁判を）やらんといかんな、と思ってるんですよ。名誉毀損の訴えには、期限はないらしいので、今は弁護士に加藤昭が書いた一連の記事をまとめてもらい、（訴える）タイミングをはかっているところです。中川先生のことに限らず、02年に「疑惑のデパート」だといわれるほど、いろいろ書かれたのは全部デタラメですからね。

――では鈴木さんは、中川氏が死を選んだ本当の動機はなんだったと思いますか？

鈴木　警察の見解では、総裁選で負けたときの疲労だとか、ノイローゼ気味だったとか、睡眠薬を過剰に摂取したとか、いろんなことがあって衝動的に自殺したということでしたね。ただ、自殺の動機というのはそもそも、真相は本人しか知りえないし、私を含めて第三者はなにを言っても詮索になるわけです。中川先生の自殺については、私もなにが原因か、私なりにわかっております。中川先生が生前、どういうことに悩み、苦しんでおられたか、いつの日か公にしたいと考えています。でも今は言うべき時期ではありません。

（初出・別冊宝島『日本「怪死」事件史』2006年8月1日発行）

1995年　よど号事件リーダー・田宮高麿が客死

北朝鮮「謀殺説」の陰に「拉致問題」あり

文＝本橋信宏（文筆家）

航空機をハイジャックして北へ

一人の〝革命家〟が死んだ。

1995年11月30日。ベッドの上で、もの言わぬ骸（むくろ）となって発見された。彼の名は、田宮高麿。享年52。70年、日航機よど号をハイジャック、日本初の航空機乗っ取り事件として日本中を震撼させた共産主義者同盟赤軍派のメンバー9名のリーダーであった。

70年当時、大学生を中心にした学園紛争、日米安保反対闘争、成田空港反対闘争といった新左翼運動は、機動隊の圧倒的な実力行使の前に行き詰まり状態になり、投石やゲバ棒による武装では物足りない一部の過激派が銃と爆弾で武装するという、日本の歴史上でもっとも過激な党派が誕生した。それが共産同赤軍派だった。

最高指導者には、京大生・塩見孝也議長が就任、「世界同時革命」を声高に叫び、革命根拠地作りと称して、キューバ、北朝鮮、中国といった社会主義国を拠点に、軍事訓練を受け日本に再上陸し、権力を打倒し臨時革命政府を樹立しようと企てた。

だが、過激ゆえに、官憲の取り締まりも厳しかった。よど号ハイジャック計画では、直前に塩見議長は逮捕され、残ったメンバーたちが日航機を乗っ取り、北朝鮮に飛翔するという戦略となった。

この日航機乗っ取り事件のリーダーが大阪市立大出身の田宮高麿である。

のちに国内に残った赤軍派は、京浜安保共闘と統一党派を結成、雪の山中で銃撃戦を繰り広げたあさま山荘事件を引き起こし、仲間たちをリンチ殺害していたことが発覚する。

また重信房子を中心にした一部のメンバーは中東に飛び、パレスチナゲリラと共闘した。72年のテルアビブ空港乱射事件は、彼らが起こした無差別テロ事件である。

北朝鮮に渡ったよど号ハイジャックのメンバーたちの当初の目的は、北朝鮮で3カ月ほど軍事訓練を受けたあとに帰国し、臨時革命政府を樹立することだった。しかし、金日成の厚遇のもと「世界同時革命」という旗印を下ろし、軍事訓練をさせろ、という要請も控え、金日成が唱えた主体思想を信奉する主体（チュチェ）思想主義者に変貌していくことになる。

彼らの活動がなかなか日本に伝わってこないなか、最初のよど号メンバーの死を伝えるニュースが報道されたのは、85年9月のことである。

メンバーの死と疑惑

吉田金太郎は、急性の肝臓病で入院し85年4月に死亡したとされている。だが、一部では、主体思想に洗脳されなかったがために、粛清されたのではないかと疑われた。

そして、岡本武。彼の弟は、テルアビブ空港乱射事件で唯一生き残った岡本公三である。

公式の見解では、岡本はメンバーたちと別れ、平壌（ピョンヤン）で工員として働きたいと懇願したが、外国人は難しいと諭（さと）された。そして、山林管理人として、結婚していた日本人の福留貴美子とともに岡本は山間（やまあい）に居住するようになったとされる。ところが、88年、土砂災害で夫婦ともに死亡したことになっている。なにやら拉致被害者の死亡記録にも似た結末である。ほかのメンバーと折り合いが悪く、漁船をチャーターして沖合に逃れる寸前だった、という説も流布した。

よど号メンバーたちの二人の死に次ぎ、今度は95年11月30日、リーダーの田宮高麿が「急性心筋梗塞」で急逝したと発表された。

この死も噂が噂を呼んだ。田宮高麿は、メンバーたちのなかでも日本に帰国する情熱を最も強く抱いていた。リーダーとしての責任も感じていたのであろう。

死の前日。日本から赤軍派の塩見孝也元議長が訪朝し、延々と田宮たちと意見を交換し合った。その翌日の突然の死である。

謀殺説の根拠はその〝タイミング〟であった。

一説には、塩見元議長と会ったその直後、田宮が金正日総書記に日本帰国を直談判して言い合いとなり、側近が「首領様に向かってなんということを」と憤り、金正日の意を汲み、田宮を謀殺したというものがある。

たしかに、アウンサン廟（びょう）爆破事件（ラングーン事件）で韓国閣僚ら21人を爆殺したテロ事件をはじめ、大韓航空機爆破事件、古くは韓国大統領官邸襲撃寸前までいった青瓦台（せいがだい）事件等々、朝鮮労働党率いる軍事部門は、手段を選ばぬ工作をやってのける。それもこれも南北朝鮮の統一が最優先の悲願であり、さらに休戦会談以後、現在にいたるまで南北間ではあくまで〝停戦〟であり「終戦」したわけではないのだ。

「日本に帰りたい」と主張していた田宮高麿は、北朝鮮の機密情報を外部に漏らす可能性のある、危険人物として闇から闇に葬り去られてもおかしくはない、という見方もある。

人なつっこい笑顔と潑剌さ

金丸訪朝で一時的に日朝間に雪解けムードが高まったことで、名古屋空港から北朝鮮までチャーター便が飛ぶようになり、この私もツアー客として平壌を訪れた。93年5月のことだ。

到着初日、平壌のホテルロビーで休んでいると、人なつっこそうな男たちが近づいてきた。すぐによど号メンバーの若林盛亮その人だとわかった。よど号メンバーの顔写真は全国の交番に貼られている。横には、彼らの日本人妻が数名揃っていた。なかでもよく話しかけてきたのは、若林夫妻であった。

このとき、テレビプロデューサー、テリー伊藤氏も旅行メンバーの一人だった。若林盛亮は、「あっ、テリーさん」とひと目で本人だと見極めた。今から23年前、テリー伊藤といえば、まだテレビの露出も少なく、知る人ぞ知る存在であり、実際に日本人旅行団のなかには、テリー伊藤だと知る者は一人もいなかった。若林盛亮がいかに日本の情報を深くつかんでいたかの証左である。

このとき、田宮高麿は終始にこやかな顔で、首をかしげる独特の癖のあるポーズをしていた。背広姿の小西隆裕は一歩離れたところにいて、寡黙だったような記憶がある。

日本人観光客がホテルに着くと、よど号メンバーたちは、日本人という懐かしさからか、あるいはシンパをつくろうという目論見(もくろみ)からか、親しげに寄ってくるということがわかった。彼らは翌朝もホテルにやってきて、私たちと歓談した。この93年時点では、まだ拉致事件は知られておらず、ごく一部に北朝鮮の仕業という情報はあったが、現実の問題として取り上げられることはなかった。

リーダーの田宮高麿は人なつこい笑顔と、潑溂(はつらつ)とした男、という印象が強かった。

車はベンツ、腕時計はオメガ

『週刊ポスト』創刊当初から専属カメラマンを務め、現在報道写真家として活躍する山本皓一氏は、北朝鮮を7回訪れている。金日成とも謁見し、金日成の写真、それもタブーである首のコブが映る角度からの撮影にも成功している北朝鮮ウォッチャーである。赤軍派メンバーとも訪朝の度に会い、田宮高麿とは手紙のやりとりをする仲だった。山本氏が赤軍派メンバーの現地での生活ぶりを振り返る。

「私が初めて北朝鮮に行ったのは1980年です。そのときは、自治労の正式訪問団の随行記者として参加しました。当時、マスコミ単独での平壌入りはとても難しかったんです。私は日本の雑誌カメラマンとしては初めての北朝鮮入国となりました。ハイジャック事件から10年、私は彼らの様子を知りたいと思い『よど号のメンバーと会いたい』と申し出ました」

山本氏の申し出は受け入れられた。そして、田宮たちはベンツに乗って普通江ホテルの会見場までやってきたという。

「高級腕時計のオメガをしていたのが印象的でした。初インタビューは、労働党がセットした会見場で当局の立ち会いのもと3時間彼らと話しました。『平壌ではどんな生活してるの？　監視されてるんじゃないの？』と私が問いかけると、

『別に監視はされてない。毎日学習したり、翻訳したりしているんですよ』と言う。『自由に街を歩けるのか?』と問うと、『歩けますよ』と返してくる」

山本氏とメンバーはそこで、当局の監視員抜きで会うことを約束する。そして翌日、約束通り田宮たちは監視員なしでやってきた。

「私たちは、300メートル四方を芝生で囲まれたモランボン公園のど真ん中に車座になって話しはじめました。これなら万が一監視員がいたとしても声は聞こえません。

田宮は当時から、『武装闘争のために北朝鮮かキューバに行って軍事教練を受けるはずだった。それが終われば、日本に帰って軍事革命を行うはずだった。だが、キューバは遠すぎて途中給油が難しいので、北朝鮮を選択した。3カ月くらいで日本に帰るはずだった』と語っていました。『ハイジャックから10年経って、朝鮮で革命を勉強するのはありがたいことなんだけど、日本という舞台で活用することができない。一番それがつらい。我々は日本人なんです。1日も早く日本に帰りたいのが本音だ』とはっきり言っていました」

共産同赤軍派のリーダー・田宮高麿

北朝鮮で3カ月の軍事訓練のあと、日本に帰国するという彼らの計画は頓挫し、田宮たちは北朝鮮の主体思想を教育されるよりしかたがなかった。

山本氏は続ける。

「田宮というのは、ものすごく天真爛漫なんですよ。『たまには女の子とデートしたいだろう？ そういうときはどうするの？』と問いかけると、田宮は『（ニヤッと笑って）我々の私書箱を当局はいっさい点検しない。アメリカの「プレイボーイ」も入ってくる。今じゃ無修正の「プレイボーイ」が彼女だよ』と言ってた（笑）。彼らが当時結婚していた、と私が初めて知ったのは数年後のことです。嘘だったんですね（笑）」

80年以降も山本皓一氏と田宮高麿はたびたび平壌で会ってきた。

食糧問題が深刻になっても、よど号メンバーたちは厚遇され、食うに困る様子はなかったという。主食の米や野菜は充分もらえたようだ。しかし、会うたびにベンツがボルボに変わり、金日成の死後、95年に会ったときはカローラバンになっていた。北朝鮮のよど号メンバーたちに対する厚遇ぶりに変化があったのだろうか。彼らは、電話代やファックス代などの費用がばかにならない、とも話していたという。

田宮を落胆させた〝事件〟

山本氏が田宮に最後に会ったのは95年4月。それまではいつも背広姿だった田宮高麿は、ジャンパーを着ていた。死の半年前である。

「疲れた顔をしていました。それから髪にパーマをあてていたのにはびっくりした。白髪も増えていた。50歳を過ぎていたせいもあるかもしれないが、やつれたなという印象がありました。この前後を振り返ってみれば、拉致事件の話がチラホラ出てきた頃で、僕も彼らが95年にヨーロッパから石岡さんたちを連れてきたのでは、と質問してみた」

田宮はちょっと躊躇しながら山本氏にこう言ったという。

「『実は何人か日本人を平壌に連れてきた。オルグするために説得しようとしたのです。ところが説得してもどうしてもメンバーに入ることを賛同してもらえなかった。結局、労働党が来て連れて行ってしまった。労働党が扱うということになったのです』とポロッともらしたのです。〝石岡〟という名前は言わなかったが、たしかに95年にそういうことを言った。それらしきことをほかの人にも話しているらしいのです。当局も危惧を感じ、『田宮は危ない』と思われたのかもしれない。とにかく田宮は望郷の念に凝り固まっていた。拉致事件が起きるまでハイジャック犯たちは北朝鮮にとって対日外交の切り札だった。ところが拉致事件が表面化してきて〝対日カード〟が拉致事件に移り、利用価値が弱まった。田宮も焦っていたのではないだろうか」

この3年前、92年に田宮が帰国問題をいっきに解決できると、最も期待をよせていた〝キーパーソン〟の死があった。よど号ハイジャック事件のとき、人質たちの身代わりになり平壌まで同行した、当時の運輸政務次官である自民党の山村新治郎代議士の死である。

ハイジャック事件当時、密入国者ということで赤軍派メンバーと山村代議士は北朝鮮に同列にあつかわれた。山村代議士はメンバーたちに下着を貸すなど、一種の〝運命共同体〟ともいえる、妙な一体感があったようだ。

事件後も田宮と山村代議士の関係はつづき、手紙のやりとりや差し入れが届いたりする親密な間柄であった。田宮は、山村代議士が訪朝団の団長として平壌にやってくるのを一日千秋の思いで待っていたという。山村ルートを通じていっきに政治決着をはかり、帰国するということを考えていたようだ。

ところが、92年4月12日、山村代議士の娘が心の病で父を刺し殺すという痛ましい事件が起きる。山村代議士は、翌13日の北朝鮮訪問を控えて、東京の議員宿舎から千葉県佐原市にある自宅に戻っているところだった。

このときの田宮の落胆振りは尋常じゃなかった、と小西は山本氏に語っている。山村代議士の死で、帰国を絶望した田宮はやぶれかぶれになっていたのだろうか。

この発言が彼の死に影響を及ぼしたのかどうかはわからない。しかし、次に紹介する2002年に山本氏が平壌を訪れたときの小西の様子は、なにを意味するのだろうか。

小西はなにに怯えていたのか

02年10月、山本氏は平壌を訪れた。赤軍派のリーダーは小西隆裕に代わっていた。

小泉首相が北朝鮮に一回目の訪問をした1カ月後のことである。このとき、小西と会い、山本氏は彼らの、平壌での自宅での生活状況を撮影する了解をもらった。しかし、それから数時間後、山本氏はガイド（北朝鮮での旅行では必ずガイドがつく）からこんなことを言われたという。

「山本さんは日本に帰ってから小西と会ったことを原稿に書くんでしょ。原稿を発表することは、国交正常化が始まったばかりの、日朝関係に支障をきたします。彼らにとってもよくないことです」

そして、今後一切、赤軍派メンバーと会わないようにと釘を刺されたという。

深夜、山本氏が滞在するホテルの部屋に小西が密かに訪れた。山本氏がそのときの様子を振り返る。

「もう取材を受けられない、と小西が言うのです。小西はかなり怯えているようだった。彼らは当局に生殺与奪を握られている。『交通事故には気をつけてくれよ』と私が言ったんですよ。あっちは平気で車を100キロで飛ばしますからね。なぜなら車に乗れるのは限られた人たちだけで、道はガラガラだからです。車になにか操作されたら簡単に事故を起こせますよ。国家安全保衛部ならそんなことお茶の子さいさいです。小西の怯えようを見て、私は交通事故が起きなきゃいいな、と本気で思いました」

心臓病を裏づける説も

田宮の死因として発表された病名は「急性心筋梗塞」である。

心臓病は時を選ばない。

疲労の色が濃かった革命家が、突然死を迎えたのも不合理とはいえない。

北朝鮮が最高の儀礼をもって、よど号リーダーの死を悼(いた)んだ、という説がある。

この説が正しければ、縦社会の北朝鮮にあって、最高の儀礼をもって葬られたのであれば、金日成を継いだ金正日の部下が勝手に謀殺したという解釈が成り立たなくなる。

北朝鮮に飛んで25年。

堆積した疲労とともに、革命家は日本のサラリーマンの過労死にも似た最期を迎えたのだろうか。

（初出・別冊宝島『日本「怪死」事件史』２００６年8月1日発行）

闇に葬られた昭和の怪死事件

1998年　新井将敬代議士縊死事件

異端政治家と「B&Bの会」の不思議な運命

——文＝伊藤博敏（ジャーナリスト）

疑惑否定の記者会見後に

2006年6月5日、逮捕直前に行われた村上世彰(よしあき)氏の記者会見——よどみなく雄弁に、悔しさを滲ませながらも説明に努め、「株に関してはプロ中のプロ」とプライドの高さをうかがわせるフレーズを繰り返しながら、質疑応答も含め1時間半を語り切った。

その8年前、同じ東京地検特捜部に株絡みの利益供与事件で狙われ、逮捕直前、記者会見を開いた政治家がいる。論客として知られた新井将敬代議士。証拠の

「録音テープ」を公開、記者の追及を切り返しつつ弁明、「私の言葉にウソはない」と言い切った。

東大卒の元官僚、大阪出身の反権威主義、人をうならせる弁舌の巧みさなど、二人には共通項が少なくない。だが、「最強の捜査機関」に狙われたときの対処は180度異なった。

村上は罪を認めた。「(インサイダー情報を)聞いちゃったものはしかたがない」と、不承不承の印象は残しつつもテレビカメラの前で深く頭を下げ、そのまま検察に出頭、東京拘置所の門をくぐった。

新井は否認した。旧日興證券から3億2000万円もの利益供与を受けていたという容疑を否定、「日興はウソつきだ」「検察捜査はデッチあげ」と、激しく批判、翌日、都内のホテルで首を吊って自殺した。

資本主義はマーケットメカニズムに価格を中心とする価値判断を委ねようとするものだが、行きすぎれば市場原理主義となってマネーゲームを誘引する。検察はその危険性を察知、「秩序維持」の観点から「マネーの時代」の象徴であるライブドアと村上ファンドを許さなかった。

この「検察の論理」に従った事件も、早晩、国民の記憶から薄れることになる。残されるのはTOBルールやインサイダー取引の厳格化であり、過度のマネーゲームへの警鐘だが、それだけでもホリエモンや村上世彰の退場は役に立ったことになる。

では、長身の二枚目、若手論客としてテレビ出演も多く、人気の高かった新井の死はなにを残したのか。

浴衣の帯をかけて首を

事件は、小池隆一という一人の中堅総会屋の逮捕をきっかけに始まった。総会屋事件は、通常なら利益供与を受けた総会屋と現金を渡した担当幹部および役員の逮捕で終結するがこのときは違った。

東京地検特捜部は、小池とつきあいのあった野村をはじめとする旧4大証券と資金を提供した旧第一勧業銀行の社長を含む幹部を軒並み摘発した。また、このときの証券・銀行捜査から、金融当局と金融機関との尋常でない癒着が発覚、「接待汚職事件」として旧大蔵官僚や日銀幹部が逮捕された。

東京・歌舞伎町にあった「下半身を露出させた女の子を眺めながらしゃぶしゃぶを食う店」だという「ノーパンしゃぶしゃぶ」は、当時、接待の過剰なバカバカしさを象徴するものだとして盛んに喧伝された。

１９８６年の衆議院議員初当選の前から本人口座や借名口座で日興證券から利益供与を受けていたという新井の事件は、87年春から始まった「証券・金融スキャンダル」の「政界ルート」という位置づけだった。

検察はこう考えたという。

総会屋や官僚だけでなく政治家も金融機関にタカっている。その実態も暴かなければ国民は納得しない――。

もちろん事件をデッチあげることはできない。日興證券への捜査を通じて、検察は新井の口座に不審な売買の記録が残されている事実をつかみ、日興證券役員を追及、「利益供与」を確信するにいたっていた。

捜査が本格化するのは98年1月からである。その結果、2月18日、新井の衆議院議員会館などを家宅捜索のうえ、国会に逮捕許諾を請求した。そこで検察が問題にしたのは、新井が95年10月、日興證券新橋支店内に知人名義の口座を開設、利益を提供するよう要求、96年6月までの間に受けた計2915万円の供与である。

検察は12年間で3億2000万円のうち時効にかからず、証拠のはっきりしたもので立件しようとしたが、前述のように新井は18日午後6時から記者会見を開き、「利益など要求していない。通常の株取引だった」と強く否定した。

会見を終えた新井は品川プリンスホテルに向かい、午後7時半、秘書と二人で最上階のバーで酒を飲みながら、軽い食事を済ませている。その後、報道陣を避けて隣接するホテルパシフィックメリディアン東京（2021年に閉館）に、先着していた真理子夫人とともに宿泊した。

真理子夫人が所用で自宅に帰るために部屋を出たのが19日午前9時半頃で、新井の様子に変わったところはなかったという。最後に生存が確認されたのは秘書の携帯への電話。午前11時15分、「チェックアウトは何時だ」と、尋ねている。

　所用を済ませた真理子夫人がホテルに戻ったのは午後1時5分。部屋に入ると、新井は空調の吹き出し口に浴衣の帯をかけて首を吊っていた。遺書は2通。テーブルにはビールの空き缶とウイスキーのミニチュアボトルが散乱、ベッドの下には緑色の布袋に入った刃渡り30センチの脇差があった。

人に頭を下げるのが嫌い

　テレビ画面の新井は、いつも明るく颯爽としていた。スポーツカーを乗り回し、ブランドもののスーツが似合い、ファッション雑誌に「若手政治家代表」として取り上げられたこともある。94年には、東京佐川急便事件を受けて金権政治を批判、「政治改革」を標榜して自民党を離党している。

　容姿と言動はマスコミ的には「改革派の旗手」として受けた。だが、人に頭を下げることが嫌いな性格で、選挙区に選んだ東京・大田区は、「結婚して最初に住んだ町」というだけのつながりで、地縁も血縁もないことから、政治資金集めには常に苦労していた。

日興證券に利益提供を要求したかどうかはともかく、プライドの高い新井にとって個人の裁量で稼ぐことのできる株は、自分に合った「政治資金捻出法」ではなかったか。

48年1月、大阪市で在日韓国人の両親のもとで生まれた新井は、16歳のときに一家揃って帰化している。学業は優秀で名門・北野高校から東大に入学、卒業後の就職先は新日鉄だったが、官僚への夢が捨て切れずに1年後、大蔵省に入省する。

官僚時代、故・渡辺美智雄蔵相の秘書官になったことがきっかけで政界を目指すようになる。最初の衆院選では落選。その直後、知人の紹介で知り合った日興證券役員に、「次回もチャレンジしたい」と2000万円を託し、日興側も「大蔵キャリア出身で、将来性があるから」と引き受けたのが、疑惑を招く取引の始まりだった。

86年の初当選後、新井の政治家としての軌跡は必ずしも順調ではない。ことに

記者会見で疑惑を否定した新井将敬

94年に自民党を離党してからは、新進党、無所属、自民党復党と転身を重ね、「はぐれ鳥」と呼ばれた。復党時には〝古巣〟の旧渡辺派への復帰を拒まれ、旧三塚派に受け入れられたという経緯もあった。

派閥解消した今なら新井の生き方も認められるが、政治資金を媒介にした親分子分の関係と義理人情が支配していた90年代後半は、「異端の政治家」は党内で浮いていた。

もっとも本人は、群れずに孤高を保つ自分の政治スタイルに自信を持っていた。そのプライドが、「政治家を誰か一人挙げたい」という検察の思惑と、それに乗ったマスコミの攻撃に耐え切れず、「犯罪者の汚名を着るくらいなら」と、死を選ばせたのかもしれないが、憶測でしかない。

死を恐れない人であったのは確かだろう。生前のインタビューや対談をチェックすると、「死を意識しない男の人生なんて、終わりのない小説のようなもの」「自分を超える大きなもののために死すべき」といった、「死の美学」のような言葉が残されていた。

疑惑もまた国会議員であったがゆえにかけられたのだから、「政治に殉じた」というべきだろう。ただ、「死」はすべてを終わらせるものではない。新井を囲むベンチャー経営者の会が、新井の死後、日本経済の行方を左右するといっても過言でない存在に育っているのは特筆すべきである。

異端の政治家とベンチャー経営者

「日本ベンチャー協議会」という組織があった。２００８年に解散したが、隆盛を極めた06年頃、会長がフルキャスト社長の平野岳史（当時。以下同）、副会長に楽天社長の三木谷浩史、光通信会長の重田康光、ＵＳＥＮ社長の宇野康秀、レックス・ホールディングス社長の西山知義などが名を連ね、会員数は３００社を超えていた。

この会は新井が存命の頃、米国の著名なジャーナリストであるデイヴィッド・ハルバースタムが著した『ベスト&ブライテスト（ケネディ政権内部の閣僚や官僚たちを描いたドキュメント）』にちなんで名づけられた「Ｂ&Ｂの会」が〝母

新井将敬が縊死したホテルの現場

体〟である。

もっとも、ドン・キホーテ会長の安田隆夫など「B&Bの会」当時の中心メンバーは「日本ベンチャー協議会」では顧問になるなど一線を退き、平野、三木谷、宇野ら幹部を含めた06年当時の大半のメンバーは新井と面識すらない。そういう意味では「B&Bの会」は発展的に解消しているのであるが、異端の政治家とベンチャー経営者との間にあった共鳴は、今も息づいている。

元々「B&Bの会」は、東証一部上場企業の経営者を核にした、ある意味では平凡な「新井将敬を囲む会」だった。

スタートしたのは1990年で、講師を呼んで料亭や会議室で2カ月に一度くらい集まる。新井にとっては政治資金活動の一環で、経営者たちは有望な若手政治家を支えることで先々のメリットを計算した。

その平凡な会が、「B&Bの会」と名乗るようになった96年頃から変質した。メンバーに若手のベンチャー経営者が増え、活動が活発になっていった。

新井が亡くなる98年の時点では、55名のメンバーが第一から第六までの部会に所属、それぞれに定例会を持っていたほか、不動産研究会、リスクコントロール研究会のような専門部会があり、ほかに誕生会、旅行会、B&Bカップ争奪戦などの遊びもあって、「日程表」は行事で埋め尽くされていた。

孤高であることにプライドを持っていた新井と、独立独歩を好むベンチャー経営者たちが、なぜ共鳴したのか。有力メンバーだった経営者が明かす。

「新井さんはストレートにものを言わない人間が嫌いだった。人にも組織にも妥協することなく、それで周囲と摩擦を起こすんだが、本人はあまり気にしない。大企業の社長には官僚的エリートが多く、感情を剝き出しにすることがなく、言葉のキャッチボールができない。その点、ベンチャー経営者は学閥、閨閥(けいばつ)、財閥に縁がなく、実力で這い上がってきた人間ばかりだから、遠慮がないし本音で勝負しようとする。そのあたりで互いに気が合った」

株投資をする『秘密のクラブ』

株取引疑惑に揺れる新井を最後まで支えたのも会のメンバーである。

98年1月8日、30センチの積雪のなかを、日商インターライフ社長（当時。以下同）の天井次夫、ドン・キホーテ社長の安田、中古車販売大手・ジャック社長の渡邉登らが、銀座8丁目に置かれた会のサロンに集まった。名目は「新年初顔合わせ」だったが、実態は疑惑発覚で攻撃を受ける新井を「励ます会」だった。

こうした結束のよさが、新たな疑惑を生んだ。「B&Bの会」が「秘密投資クラブ」というもので、週刊誌が報じた次の〝紹介〟が、当時、流布していた。

〈その会は表向き、勉強会や代議士の政策を聞く会ということになっている。が、その一方で、会員同士が集まり、お互いに自社の極秘の情報を交換してインサイダーまがいの株投資をする『秘密のクラブ』にもなっていた〉（『週刊新潮』98年3月12日号）

結果として「B&Bの会」もマスコミからバッシングを受けることになってしまったが、天井は当時、こう振り返った。

「『B&Bの会』は新井さんと同年齢か少し下の連中が集まって勉強したり、遊んだりといった異業種交流会でした。みんなオーナー経営者ですから株に興味を持っているのは当然です。でも、インサイダー情報を交換して株を買う『秘密投資クラブ』だなんてとんでもない話。雑誌社などには抗議したんですが、嵐のような新井バッシングの前では、誰も聞く耳を持たなかった」

新井の死は、会員にとって衝撃だったが、いくら親しくとも「心の中」にまで立ち入ることはできない。それぞれが新井との交遊を振り返りつつ、その死を受け止めるしかなく、「B&Bの会」も活動を終えた。

それが復活、「SK21」として再スタートしたのは、「気の合う仲間」だったからだろう。ベンチャー経営者は独立独歩だが、その分、孤独で仲間を求める気持ちは強い。そこには、「互いの苦労がわかる」という共通項もある。それに加えて、「怪しげなクラブ」と批判されたことへの意地もあった。

人数は少なくなり20数名からの再出発。月例会、部会などの勉強会とゴルフやパーティなどの親睦会で交遊を深めるというスタイルは「B&Bの会」のときと同じである。

それが2000年、「日本ベンチャー協議会」と名称を変え、しだいに大きくなり発展、上場企業50社を含むベンチャー経営者の一大集団となったのは、中核メンバーの運営の巧みさと、新興市場の創設、起業の容易さ、M＆Aブームなど時代環境の変化によるものが大きい。

すでに、新井と面識のないメンバーが大半の「日本ベンチャー協議会」を、新井との関係で語るのは強引にすぎよう。ただ、新井の「志半ば（こころざし）の死」が、時代の節目に起き、その死を乗り越えたベンチャー集団が、今、脚光を浴びているという「歴史の持つ意味」については、触れておかねばなるまい。

ベンチャー時代の到来

新井が亡くなった1998年は、日本経済が一大転換期を迎えた年だった。

バブル経済の崩壊を、「先送り」にしてごまかしてきた咎（とが）が、この年からいっきに噴き出して、山一證券、三洋証券、北海道拓殖銀行、日本長期信用銀行、日本債券信用銀行などの経営破たんが相次いだ。日本の金融機関の脆弱（ぜいじゃく）さと弱気を見抜いた外資が進出、不良債権処理で巨利を得て、M＆Aで猛威をふるうようになったのもこの頃からだ。

金融機関は萎縮、その機能不全のシステムを犯罪として暴くことにより、壊していったのが検察である。銀行と癒着した金融検査官が、どれほど汚れているかをある検察幹部は「接待の海で溺れている」と、表現した。この大蔵汚職の摘発を機に、「律令時代」から続いた「大蔵省」の名は消え、金融監督は金融行政と切り離されて、新設された金融庁が担うことになった。

システムの再構築を迫られた銀行は、独自に再生する意欲と力を持ち合わせず、公的資金を受け入れつつ、前の行名が思い出せないほどの合併を繰り返して、3大メガバンクの時代に突入した。

その一方で、企業は金融機関の間接金融に頼らず、証券市場を活用した直接金融で事業資金を調達するようになった。金融自由化の進展にともなう証取法改正などの規制緩和がそれをあと押し、マザーズ、ナスダックなど新興市場の創設と、経済のグローバル化をさらに進展させるＩＴブームは直接金融の隆盛に火をつけた。

経済のシステムと常識は変わり、銀行に頼らない学閥と閨閥に縁のないベンチャー企業が、エンゼルやベンチャーキャピタルの支援を得て、設立後、数年で上場、その資金調達力で飛躍的に発展することが可能になった。ベンチャー時代の到来であり、「日本ベンチャー協議会」が隆盛を誇った理由もここにある。

「異端」を排除する国家の論理

だが、ブームは必ず行きすぎを生む。

時価総額がすべての市場中心主義は、決算を粉飾してでも業績をよくして株価を上げ、そのバイイングパワーでM&Aを繰り返し、時価総額8000億円の企業集団にまたたく間に押し上げたライブドアの堀江貴文元社長のような「鬼っ子」を生んだ。

通産省を99年に辞め、2000年にファンドを立ち上げ、経済の転換点に気づかず、株価のことなど考えたこともない企業の隙を突き、投資家の声を代弁すると称して「売り逃げ」で利益をあげていった村上世彰もまた、「時代の徒花（あだばな）」だった。

堀江も村上も、時代の一歩先を読み、変化を先取り、旧来型秩序を打ち破り、企業社会に刺激を与える功労者ではあった。ただ、「自分さえ儲かればいい」という身勝手と、モラル無視の姿勢を検察は許さなかった。

しかし、時代の寵児は常に「異端」から生まれるものである。

村上は「最後の記者会見」で、シンガポールに脱出する理由を問われ、「若干、日本という国が嫌になった」と、述べた。シンガポールはファンド運営の自由さを保証しただけではなく、台湾出身の華僑だという父の友人の財閥が支援を申し出た国でもある。コスモポリタン気質の村上は、感情に任せた「村上攻撃」を続ける日本に愛想を尽かした。だが、08年のリーマン・ショックを機に日本に戻り、また投資活動を活発に行っている。

新井もまた最後は、「在日の血」ゆえの攻撃を疑った。疑惑発覚後、自民党からの自主的離党を求める幹部に対し、「民族差別ではないか」と、反発したという。

「異端」を排除するのが「秩序」の側の論理ではあるが、ベンチャーがそうであるように、「異端」には既存概念を打ち壊して新風を呼び込み、経済を活性化させるというパワーがある。その効用を、どう斟酌するかの配慮と計算も、日本は求められている。

（初出・別冊宝島『日本「怪死」事件史』２００６年8月1日発行）

第三章

衝撃を呼んだ怪死事件を再検証

1977年　水本事件

活動家の遺体すり替えは権力の謀略か

文＝鈴木圭太（フリーライター）

母親が言った「息子ではない」

事件の発端は、1977年1月17日に千葉の市川署から、水本菊雄、よ志夫妻にかかってきた電話である。

「江戸川で上がった変死体が、指紋照合の結果、おたくの息子さんと判りました。お気の毒ですが、印鑑を持って署まで、きてください」

変死体は、水本菊雄、よ志夫妻の長男、水本潔であった。水本潔は革マル派の活動家として、1975年に上智大学で発生した内ゲバ事件に関連した人物だ。

彼は凶器準備集合罪で翌年の4月9日に逮捕され、10月4日に保釈されていた。

しかし、その水本潔は11月21日、仲間とすんでいた下宿を出たきり、行方不明になっていた。

署にかけ付けた水本夫妻に見せられたのは、息子・潔の遺体ではなく、遺留品と水死体となった潔の写真であった。

遺留品は、腕時計、ネクタイ、ライター、ボールペン、メモ帳、そして10㎝四方に断片化した衣服の切れ端。それは、息子・潔のものであることは間違いなかった。

しかし、夫妻は水死体の写真を見た瞬間、

「息子ではない」

と、即座に否定した。署員から、

「水死体で、時間が経っていますから、変わり果てた状態になることもあります」

と説明され、母親のよ志も、〝そんなものかしら〟とは思ってみたものの、水死体の写真と知っている潔の姿とは全く別人であった。

息子・潔は眉が濃く耳たぶが大きかったが、水死体の眉は薄く、耳もつぶれたようになっていた。年齢も潔は24歳であったが、水死体は30～35歳（検屍医調書）とされていた。

さらに、潔には脛にやけどの痕と、頭にハゲがあったが、検屍医は、それを確認していない。また、左目の下に泣きボクロがあったが、水死体の写真には、それが写っていない。

それだけではない、遺体は発見した翌日には焼却され、そのときに血液型も調べられてはいなかった。そのため、血液型の照合もできなかった。

水死体を息子の潔と認めるには、あまりにも違いが多すぎた。水本夫妻は、あとから駆け付けた弁護士とも相談のうえ、遺骨の引き取りを拒否し、書類に印鑑を押すのも拒絶した。

市川署によれば、水死体は引き揚げた時、全身泥まみれで、首から針金で2・5kgのコンクリートの塊がぶら下げられており、両手はビニールひもで縛られて

いたという
　しかし、着衣に乱れがなく、しかも下着が新しいことから、警察は「覚悟の入水自殺」と断定していた。

CIAの犯罪か？

　水本夫妻には、警察から見せられた水死体の写真が、どうしても息子の潔とは信じられなかった。なおかつ、いくつもの不審点がある。死体に対して、血液検査もせずに翌日には焼却してしまっている。

　さらに、水本夫妻に断りもなく、勝手に警察署長は戸籍から水本潔を抹消した。それも、死体発見の翌日に行っている。不審点が多すぎるのだ。

　これに対して、水本潔が所属していた革マル派が主導した「水本事件の真相を究明する会」（以下、「究明する会」）とその弁護士は、変死体は権力によってすり替えられたのではないかと推測した。

　水本潔は上智大学の内ゲバの主犯者の一人として逮捕され公判にかけられてい

た。その逮捕された決定的証拠は、上智大学の副学長ホセ・デベラが警察に提出した一枚の写真にあった。

写真には水本潔が中核派のメンバーに対して鉄パイプを振りかざしている瞬間が写っていた。暴力と凶器準備の罪を決定づけるものだった。この写真に対し、水本サイドは、証拠となる出所を追及した。出所が不明であれば、写真は合成されたものかも知れないから、証拠とはなりえない。

追及を受けたデベラ副学長は証言を拒否した。

裁判官は証言拒否に対して、「拒否し続けると制裁を加える」とまで言って、デベラ副学長に証言を迫ったが、デベラ副学長は一切話すことはなかった。結局、デベラ副学長は制裁金3000円を払い、公判は証拠がないために終了してもかまわないという姿勢を見せた。

それは、水本潔が行方不明になる3日前のことである。

なぜ、水本潔は行方不明なったのか、彼の弁護を受けた栃木義宏弁護士は、週刊誌の記者に対して、こう答えている。

「（デベラ副学長が）事件を取り下げてもいいと言った直後のことです。しかし、こちらはそうはいかない（水本サイドは写真の出所を巡って公判をつづけるつもり）。

となると、水本君が生きている限り、裁判は続行するわけで、彼が死なないとまずいのです。生きていれば、事件の背後にあるもっと大きな〝黒い影〟が裁判の対象として明るみに出るおそれがあったからです」（『週刊現代』１９７７年8月18日号より、カッコ内は筆者注）

「究明する会」は、このデベラ副学長をＣＩＡにつながる人物だと考えていた。なおかつ、水本潔が鉄パイプを持っている写真を撮った人物も特定していた。それは上智大学の学生で、ＣＩＡと絡んでいると睨んでいた。

週刊誌が書いた〝黒い影〟とはＣＩＡであると「究明する会」は考えていたのだ。

遺体はすり替えられたのか？

「究明する会」は「ＣＩＡにつながる謀略組織が口封じのため水本潔を拉致し、拷問の上、虐殺。さらにあまりにひどい拷問による証拠が体に残ってしまったために、違う遺体を用意、自殺に見せかけて殺した」と、推測した。

そのため、「究明する会」によって追及された裁判所は、水本潔の死によって終わるはずだった公判を、「水死体が水本さんであるかどうか」という異例の調査に入ることとし、審理を延長した。

公判の争点は大きく二つ。一つは水本潔の歯型をめぐる問題。もう一つは指紋をめぐる問題である。両方とも水死体と水本潔とで違っていれば、明らかに違う人物である。

歯型に関しては、彼が通っていた歯科医の出したカルテと、市川署の署員が証言した水死体の歯並びとは明らかに違っていた。しかし、後に歯科医の出したカルテは、なぜか処分され、市川署の署員の証言もひっくり返ってしまった。

ふたつ目の指紋についても疑問点があった。死体を見分した鑑識員は、死体が腐敗しつつあったので、墨での通常の指紋採集ができず、シリコンラバーを使った指紋採取をした。

しかし、死体を見分した鑑識員は、自らが提出したシリコンラバーと裁判所に提出されたシリコンラバーが違うと証言したのだ。シリコンラバーで指紋を採取した後、指の一本一本を切り離したのだが、裁判所に提出されたシリコンラバーの切り口とは一致しなかったからだ。

この公判をきっかけに、水本事件は社会問題化する。「究明する会」は、知識人によびかけ、真相の究明を求める文書に署名を求め、多くの人々が署名した。さらに、集会も開き、多くの知識人や「究明する会」に賛同する者、革マル系の労働組合や学生自治会が参加した。

しかし、これに敵対する組織もいた。それが中核派である。

対立する革マル派と中核派

ここで、当時の新左翼をめぐる状況をかいつまんで紹介しておこう。当時、いくつもの新左翼のセクトはいたが、その中で特に大きな組織が革マル派と中核派である。

水本潔が所属した革マル派とは、新左翼で過激派と呼ばれた日本革命的共産主義者同盟（革共同）革命的マルクス主義派のことである。

当時、革マル派は、同じく革共同中核派と対立、内ゲバという激しい暴力的な対立が、鉄パイプを振りかざしての殺し合いにまでになっていた。もともと革マル派も中核派も同じ組織であったが、路線対立から分裂し、それが、殺し合いまで発展してしまったのだ。

そのため、大衆運動や労働運動、学生運動を指導していた両派だったが、多くの労働者や学生からは、浮いた存在になりつつあった。

殺し合いまで発展するきっかけを作ったのは、革マル派である。1972年に早稲田で中核派の川口大三郎さんをリンチのすえ、殺害した。革マル派と中核派は、その時点まで暴力的には対立していたが、死者は出ていなかった。

両者とも、鉄パイプを振りかざし、リンチは横行していたから、死者が出るのは時間の問題ではあっただろう。しかし、死者が出ることは決定的な対立を生み出す。

これが、ヤクザであれば、両者を手打ちさせる大物が出て来て、ことを収めるであろうが、そのような大物もいない革マル派と中核派は、壮絶な殺し合いまでに発展してしまった。

１９７５年3月14日、壮絶な殺し合いのすえ、中核派の書記長の本多延嘉が革マル派の襲撃によって虐殺されてしまう。書記長とは実質的なトップのことである。

そして、中核派は、水本事件で死んだ水本潔を書記長の本多延嘉を殺した襲撃グループの一人と見ていた。さらに、上智大学の内ゲバで水本潔と対立したのは中核派であった。

だからこそ、中核派は水本事件とは直接関係はないが、心情的には革マル派が主導する「究明する会」を苦々しく思っていた。

疑問視されるすり替え

中核派は、機関紙や機関雑誌を通じて、水本事件のすり替え論に対して徹底して反論をした。

大きな点は、水死体と水本潔は本当に別人なのかということである。

人類学の教授に、写真を見てもらい真偽を検討してもらった結果、明らかに別人とは言い切れない、同一人物である可能性も否定できないとの証言を得ている。

理由は、あまりにも姿格好（身長や体格）が似ているということにある。見た目、顔写真は違って見えるが、水死体で時間が経って腐乱しはじめているということを考えると、これぐらいの差は出るということ。眉間の幅はほぼ同じであるということだった。

さらに、「究明する会」が提供している水本潔の写真は、8年近く前の高校時代の顔であって、事件当時のものではないことも問題にした。

そして、決定的だったのは歯型が水死体と水本潔とでほぼ一致するということを証明したことであった。

「究明する会」が見つけてきた歯型のカルテはかなり前のもので、事件当時の歯型は、水死体とかなり近いということだった。

これに対して「究明する会」は、反論することができなかった。そのため、「究明する会」に賛同した知識人の多くが、中核派の追及によって、前言を翻してしまったのだ。

さらに、公判も「水死体が水本さんであるかどうか」について、別人であるという判断にはならず、終了した。

それによって、水本事件は収束していくことになる。

権力による謀略はなかったのか？

中核派の追及によって、死体すり替えは疑問が残ることになった。「究明する会」の根本であるすり替え疑惑が疑問視されては、それ以上、会が発展することはない。

しかし、死体がすり替えられなかった、イコール水死体が水本潔本人だったとしても、疑問は残る。なぜ、水本潔は水死体だったのかだ。ＣＩＡの犯罪か？

　ＣＩＡの関与が疑われたデベラ副学長であるが、週刊誌の取材にこう答えている。

「写真を撮った学生がアメリカ留学の直前でもあったし、もしも名前を明らかにして革マル派に報復されたら大変なことになる。

　写真はある教授が私に提出してくれたものですが、私が罰金を受けてまで入手経路の証言を拒否したのは、その報復の危惧をいだいたからです。

　ＣＩＡなど全くデタラメもいいところです」（『週刊現代』１９７７年8月18日号より）

　この発言の信憑性は高い。ＣＩＡがデタラメかは別として、写真を撮った学生を明らかにしたら革マル派の報復は間違いなくあったと考えても不思議ではない。それまでに、何人もの中核派や対立するセクトの活動家たちを、革マル派は〝殲滅〟＝殺害してきたのだし、それでなくてもリンチや鉄パイプでの襲撃は日常茶飯事だった。

中核派は、水本潔の死について、『共産主義者 36号』（前進社版）で次のように書いている。

「カクマルの、水本『謀略』デマの全体が、カクマルによる水本殺害・自殺偽装工作が、あばかれることを恐れた必死のイベント工作である」

中核派によれば、水本潔は、中核派との闘争に限界を感じ、逃亡する寸前、あるいは逃亡したという。革マル派は逃亡しようとする（あるいはした）水本を捕まえ、殺害、自殺偽装工作をしたというのだ。

ただし、これについては飛躍があるだろう。革マル派が殺害・自殺偽装工作をしたとすれば、逆に「究明する会」まで作って、自らの犯罪を暴くようなことをするであろうか。常識的に考えれば、「自殺」と市川署が断定しているのだから、それに乗っかるのではないだろうか。

水本潔の両親が、おかしいと言っていたとしても、無視すればいいことである。

さらに、革マル派が水本潔を捕まえるときに、乱闘になって傷などが残るのではないだろうか。そのような痕跡はないと市川署は証言しているのだから、やはり、中核派の見解も妥当性に欠ける。

真相は明らかではないが、きっとすり替えはなかったのであろう。ただし、水本潔が死んだ理由は自殺か他殺かはわからない。

自殺だとしたら、その後の市川署の対処が余りにずさんだったと言わざるを得ない。死体発見後、すぐに焼却したりせずに、親族が来るまで、保管しておけば済んだはずだ。それをしなかったために、様々な疑問を生んでしまった。

逆に言えば、市川署も自殺と決めつけ遺体を処分したが、処分に自信がなかったために、しなくてもいい隠蔽工作をして、墓穴を掘ってしまったのかもしれない。

一方、他殺の線も捨てきれない。それは権力による可能性も高い。

革マル派は、水本事件がほぼフェイドアウトしてしまったあと、一方的に中核派や他党派への襲撃をやめている。革マル派は、その後も、中核派や他党派によって、ガソリンをまかれて殺されるとか、鉄パイプではない牛の獲殺用の武器で殺されるとか、プロ的な手口で、自らの活動家が殺されている。しかし、一切報復はしなくなった。

その理由は、それらの襲撃が、権力による謀略であり、報復しても一方的にやられるだけだからという。

もし、そうであるならば、水本潔の死を、自殺ではない、本当の権力の暴力装置によって殺された可能性を、革マル派はつかんでいたのかもしれない。

水本事件では、すり替え論にこだわって墓穴を掘ったが、その根本にある権力の謀略の根拠はつかんでいた可能性が高い。

1977年　青酸コーラ無差別殺人事件

3人が死亡した、3つの事件の真相を追う

文＝九鬼 淳（フリーライター）

最初の犠牲者

最初の犠牲者は京都府立の高校に通う1年生、B君（16）だった。彼の父親は国鉄の職員。その関係から、B君は正月休みを利用して、新幹線の食堂車でアルバイトをしていた。

1977年1月3日、まだ、世間は正月気分に浮かれているころ、B君は新大阪発東京行きの「こだま」の業務を終え、東京駅から同僚5人と、品川駅に向かった。すでに日にちは1月4日に変わっていた。

青酸コーラが置いてあった公衆電話近くの品川駅高輪口
(現在、写真：アフロ)

品川駅には、歩いて5分ほどに会社の寮がある。寮の場所は駅から第一京浜を越えたところにあった。

彼らは第一京浜沿いの品川スポーツランド（現在の品川プリンスホテル）の正面にある公衆電話ボックスのわきを通りかかった。そのとき共に働いていた女性がボックスに10円玉が落ちているのを見つけた。そして、ボックスの戸を開けると、ボックスの床に栓の開けていないコーラ瓶が置いてあった。

最近は、飲食店でしかコーラ瓶を見ることは無くなったが、当時は、どこでも普通に売っていた。女性は、なにげなくコーラ瓶を拾うと、コーラ瓶をB君に手渡した。ちなみに、この青酸コーラ無差別殺人事件から、コカ・コーラの缶はプルトップの栓となった。

寮に戻った6人は、入浴を済ませると、娯楽室に集まっておもいおもいの飲み物で、お疲れ様の乾杯をした。そのとき、B君は拾ってきたコーラ瓶の栓を開けると、一口飲んだ。その直後、彼は大声で叫んだ。

「このコーラ、腐っている！」

彼は、すぐさまコーラを吐き出し水道水でうがいをしたがかなわず、彼は喉を掻きむしって苦しみだし、数分後には意識を失って倒れてしまった。

一緒にお疲れ様をしていたものたちは、すぐに救急車を呼び、B君は北品川総合病院に搬送された。病院では気管切開、胃洗浄などの救命処置が施されたが、午前7時30分、彼は短い生涯を閉じた。

その後、高輪警察署、警視庁捜査1課の捜査員が事件のあった社員寮に駆けつけ、コーラ瓶を調べた結果、瓶の底から青酸化合物が検出された。B君は毒殺されたのだ。

第二の事件、倒れていた行方不明の男

第一の事件でB君が亡くなってから、わずか45分後、第二の事件が起きる。午前8時15分、第一の電話ボックスから約600メートル離れた歩道で、灰色の作業服を着た中年の男性が倒れているのを、通りがかりの会社員が見つけた。

通報を受け、すぐ近くの病院に緊急搬送されたが、すでに男性は亡くなってい

た。男性の所持品は現金25円とショルダーバッグとタオル1本であった。そのため、当初は行き倒れによる凍死と判断されたが、遺体解剖の結果、青酸反応が出た。

さらに、遺体の周辺には、コーラを吐いた跡があり、そこから約100メートル離れたところには飲みかけのコーラの瓶と王冠2個が残されていた。そして、飲みかけのコーラからも青酸化合物が検出され、毒殺されたことがわかったのだ。

第二の事件の犠牲者は、山口県下関市出身の男性、Sさんだった。Sさんは二度の窃盗で逮捕されていた。その後、詐欺事件を起こし、取り調べ中に逃げ出して13年間も消息不明になっていた。

Sさんの胃からは、他の食べ物はほとんど検出されなかった。所持金も少なく、食べる物を探していたら、見つかったのが青酸入りのコーラだったのだ。正月をすきっ腹ですごした後の悲惨な結末だった。

同じころ、中学生のK君は、事件のあった場所から、約600メートル離れたところにある商店街の赤い公衆電話に、栓のついたコーラ瓶が放置されているのを発見している。まだ、青酸コーラのことは報道されていなかった。

K君は用事があったので、それを済ませてから、コーラを取りに行こうと、もどってみると、機動隊や警官がいて、物々しい雰囲気になっていた。

このとき、警視庁は、この事件を受け、200人の機動隊員を使って、周辺一帯をくまなく捜査していた。そして、公衆電話に置いてある栓のついたコーラを見つけ出したのだ。

K君は、事件の概要を知って胸をなでおろした。もし、用事もなく、公衆電話に置いてあるコーラ瓶を飲んでいたら、第三の事件の被害者になっていた可能性が高い。

ほかにも、難を逃れた人たちもいた。B君の事件現場にあったコーラ瓶を、彼らより先に見つけていたものがいた。1月3日午後7時頃に見つけたのが、57歳の父親と18歳の息子である。このとき父親は飲もうとしたが、気味悪がった息子のおかげで難を逃れている。

さらに同日の午後11時10分ごろには一人の中学生が、同じ場所の公衆電話でコーラ瓶を見つけた。飲もうと思って瓶を持ち上げた。すると、ブシュッと音がして泡が少し噴出した。彼は怖くなって、床において出ていった。間一髪で死を逃れることができた。

犯人は見つからなかった

電話ボックスなどに仕掛けられた青酸コーラは全部で4本。1本は王冠だけで瓶は見つかっていない。仕掛けられた青酸化合物は青酸ナトリウムであった。

青酸ナトリウムは一般には入手しにくいが、メッキ工場には欠かせない薬品で、犯行現場の品川から川崎、横浜の京浜工業地帯には多くのメッキ工場があった。それらの工場での青酸ナトリウムの管理は厳密なものとは言えなかった。だれでも盗み出すことは難しくなかったのだ。

ただし、青酸ナトリウムの取り扱いは簡単ではない。間違って取り扱うと有毒ガスが発生して、扱っているものの命が危ない。そのため、まったくの素人が扱うことは難しい。

一方で、仕掛けられた青酸コーラに入っていた青酸ナトリウムの量はひと瓶ずつ違っていた。厳密に量って入れられたものではなかった。そのため、青酸ナトリウムの取り扱いに慣れたものとも言い切れなかった。

その後、捜査本部は犯行に使われた青酸ナトリウムを三井東圧化学の製品と特定し、製品を入手可能な1300人から最終的に15人に絞り込んだ。しかし、全員がシロであった。

また、犯行に使われたコーラの製造番号から、売られた場所を特定し、調査をしたが、900万本を超える製品から4本を特定するのは不可能だった。

結局、青酸コーラ事件ではトータル1万3000人を洗い出した。そして、コンピュータを使って3本の瓶に残っていた指紋を合成し、犯人の指紋を割り出し、前歴者カードと照合したが、それも無駄に終わった。

かなり大規模な捜査が行われたが、1992年1月4日午前0時をもって、この事件の時効は成立している。

「オコレルミニクイ　ニホンシンニテンチュウヲ　クタス」

青酸コーラ無差別殺人は、それだけで終わったわけではない。この事件から1カ月と少し経った2月14日、東京駅の八重洲地下街の南端にある階段通路で、アーモンド・チョコレート40箱が入ったショッピング袋を会社社長が見つけた。

当初、会社社長は、ショッピング袋を見つけて、どうせ空袋だろうと蹴飛ばしたが重い反応があった。だが、敢えて気に留めることもなく、一度はその場を通り越していった。

しかし、ハタと、青酸コーラ事件を思い出し、「もし毒が入っていたら」と思って引き返し、ショッピング袋を近くの交番へ届けた。

交番では、バッグを改めたが、不審物ではなくチョコレートだったので、落とし物として10日間保管した。しかし、10日経っても、落とし主が現れなかったので、24日に製造元の菓子メーカーの東京支店に返却した。

製造元の支店は、送られてきた商品に違和感を持った。確認すると、チョコレートの箱には開けられ、再度はり直されたあとがあった。さらに製造番号が切り取られていた。

これは危険だと思った支店は、大阪にある中央研究所に調査を依頼した。その結果、40個のチョコレート全てから、致死量の青酸ナトリウムが検出されたのだ。

さらに、箱の裏には「オコレルミニクイ　ニホンシンニテンチュウヲ　クタス」とゴム印が押されていた。

カタカナを漢字入りの文になおせば「おごれる醜い日本人に天誅を下す」となる。

捜査本部は、このゴム印の納入先を洗ったが、結局、ここでも犯人を特定することができなかった。

青酸ナトリウム、コーラ瓶、チョコレート、ゴム印、と数々の証拠がありながら、捜査本部は、犯人を特定することができなかった。

この一連の事件に対して、メディアでは様々な憶測が流れた。

ある新聞では過激派の犯行を示唆し、ある雑誌では中学生のイタズラによる犯行ではないかと書いた。

過激派については、京浜工業地帯には多くの労働者がおり、赤軍派の拠点もあったから、可能性はゼロではない。しかし、その地域を中心に1万3000人を洗っても犯人は出なかった。指紋が一致する者もいなかった。過激派であったとしたら、逮捕歴のない、かなり秘密工作に慣れた者で、公安がまったくノーマークの者だ。

そんな者がいるだろうか？

中学生も難しい。そもそも青酸ナトリウムを手に入れるのは難しいし、薬品の取り扱いも大変である。イタズラ心でやるには、ハードルが高すぎる。

他の雑誌は元日本軍石井部隊の生き残りと書いた。しかし、それにしては青酸ナトリウムの扱いがぞんざいである。

他にもこのような説がある。それは公安当局によるローラー作戦説だ。京阪地区で働く労働者を徹底的に洗うために仕組まれた。

1975年を前後して、過激派の争いは死者が頻発する殺し合いになっていた。それを支援する労働者が、京阪地区に隠れているのではないかという考えのもと、ローラー作戦を強行したのではないかという説だ。

ただし、これも推測の域を出ない。

結局、現在は、愉快犯に落ち着いている。青酸コーラ事件は、事件が報道されてからは、直接関連の事件は起きていない。犯人は、青酸コーラ事件で、人が死んだことに驚いた可能性もある。

愉快犯としては、やりすぎ感があったのかもしれない。

青酸入りチョコレートは、模倣犯であろう。青酸コーラ事件が起きた後で、散々、テレビや学校で注意喚起されたのだから、落ちている食品や飲み物を拾って食べようとするものが出る可能性は低い。死人は出ないだろうと思って面白がってやった可能性は高い。

第三の殺人？　大阪の青酸コーラ事件

八重洲の青酸チョコレートの前日、大阪でも青酸コーラ事件があった。大阪市に住む男性が、路上の自販機に上に置いてあったコーラを飲んで気分が悪くなり、病院に運ばれたのだ。

しかし、コーラからは青酸反応が出たものの、気分が悪くなったという男性からは青酸化合物を飲んだような症状は全く出なかった。

結局、男性は退院し、その後、不可解なガス自殺をしている。男性は自殺する前に親族に対して「世間を騒がせてもうしわけなかった」という言葉を残している。

大阪の事件は青酸コーラ事件を模倣した狂言であったといわれている。

闇に葬られた
昭和の
怪死事件

1987年　赤報隊「朝日新聞阪神支局」襲撃事件

いまだに明らかにならない犯人の実像

文＝鈴木圭太（フリーライター）

37年前に起こったテロ

2024年5月3日に掲載された朝日新聞の記事である。

「兵庫県西宮市の朝日新聞阪神支局に男が侵入し、散弾銃で小尻知博記者（当時29）ら2人が殺傷された事件から3日で37年。

殺害された小尻記者を追悼する拝礼所と記帳台を支局1階に設け、3階の襲撃事件資料室を公開する（3日午前9時～午後2時）。記帳台の設置と資料室の公開は、新型コロナウイルス感染拡大前の2019年以来、5年ぶりになる。

朝日新聞阪神支局襲撃事件資料室
（2006年当時、写真：産経新聞社）

事件は1987年の憲法記念日に起きた。午後8時15分、目出し帽をかぶった男が支局に侵入し発砲。小尻記者が死亡、犬飼兵衛記者（2018年死去）が重傷を負った。

『赤報隊』を名乗る犯行声明文には『すべての朝日社員に死刑を言いわたす』と記されていた。

警察庁は、その後判明した東京本社銃撃などを含め『広域重要指定116号事件』として捜査を続けたが、2003年までに関連・類似を含む8件すべての事件が未解決のまま時効を迎えた」

朝日新聞阪神支局襲撃事件は、この記事にあるように、すでに2003年に時効を迎えている。時候から20年以上たつが、事件は非常に衝撃的だった。記者が勤務中に銃撃され死亡した事件は、史上初であった。

さらに、犯人がまったく分からなかったという謎の事件でもある。

だからこそ、風化させてはいけないのだろう。いつ何時、同じような事件が起きないとも限らない。

散弾銃がぶっ放された

襲撃事件は、1987年5月3日夜に発生した。

事件発生の直前、4月後半から5月初めにかけて、阪神支局には夜になると無言電話が頻繁にかかってきていた。

無言電話は、相手の存在を確かめるためだろう。どの時間に、だれがいるか、あるいは人がいるか、確かめるためである。

ということは、確実に相手を襲撃することを考えている。計画的犯行だ。

当日は3連休の初日であった。

この日の当番勤務は犬飼兵衛記者（当時42歳）、小尻知博記者（29歳）、高山顕治記者（25歳）の3人であった。他にデスクの大島支局長が出勤していた。

3人は午後7時ころから支局2階の編集室で、すき焼きを食べながら、ビールで晩酌をしていた。いつもの風景である。このとき、支局長は3人の書いた原稿を本社に送ったあと、近くの寿司屋で行われる会合に出席するために外出していた。

襲撃事件が起きたのは午後8時15分ごろであった。3人は夕食をおえて、休息にはいっていた。そのとき、黒っぽいフレームの眼鏡をかけ、黒っぽい目出し帽をかぶった全身黒装束の男が散弾銃を構えて編集室に押し入ってきた。

そして、ソファーに座って雑談していた犬飼記者の左胸めがけていきなり発砲した。テロリストが放った散弾銃の銃弾は、約80発もが、犬飼記者の腹部、右手、左ひじなどに食い込んだ。

小指が吹き飛び、薬指は皮1枚でつながり、中指は半分ちぎれかけていた。しかし、左胸のポケットに入れていた鰻皮製の札入れとボールペンのおかげで、弾が心臓に達するのはギリギリで防ぐことができた。

撃ち方は腰だめではなく、むしろ射撃の撃ち方に近いものだったという。犬飼記者は、銃床を肩に当ててはいなかったように思うと証言している。

そのとき、発砲音に、犯人の近くでうたたねをしていた小尻記者の目が覚めた。彼は、ソファーから起き上がろうとしたが、驚いた犯人が小尻記者の脇腹めがけて2発目を発砲。

発砲は銃口が接するほどの至近距離から行われたため、小尻記者の腹の中で散弾が破裂した。

高山記者は、銃声を聞いてソファーの後ろに隠れた。犯人は一瞬銃口を向けたが、撃つことをせず、体を反転させ立ち去った。

犯行時間は1分足らず。

小尻記者は、関西労災病院に緊急搬送され、緊急手術を受けた。左腎臓摘出、脾臓摘出、心臓マッサージなどが行われたが手術中に心停止を起こし、息を吹きかえすことはなかった。

誰の犯行なのか？

この襲撃のあと、5月6日に、時事通信社と共同通信社の両社に「赤報隊一同」の名で犯行声明が届いた。

さらに、そこでは、1月の朝日新聞東京本社銃撃も明らかにして、

「われわれは本気である。すべての朝日社員に死刑を言いわたす」

「反日分子には極刑あるのみである」

「われわれは最後の一人が死ぬまで処刑活動を続ける」

と殺意をむき出しにした言葉が連なっていた。

この事件で、想定できる人物像は、どのようなものだろうか？　それを考える前に、この事件の犯行声明を出した赤報隊の事件を時系列で書いておきたい。

1987年
1月24日（土曜日）　朝日新聞東京本社銃撃事件
5月3日（日曜日）　朝日新聞阪神支局襲撃事件
9月24日（木曜日）　朝日新聞名古屋本社社員寮襲撃事件

1988年
3月11日（金曜日）　朝日新聞静岡支局爆破未遂事件
3月11日（金曜日）消印　中曽根康弘・竹下登両元首相脅迫事件（郵便）
8月10日（水曜日）　江副浩正リクルート元会長宅銃撃事件

1990年

5月17日（木曜日）　愛知韓国人会館放火事件

さらに、「赤報隊」を名乗る前に、彼らは「日本民族独立義勇軍　別働赤報隊」と名乗っていた。その事件についても記しておこう。

1981年

12月8日（火曜日）　神戸米国領事館放火事件

1982年

5月6日（木曜日）　横浜元米軍住宅放火事件

1983年

5月27日（金曜日）　大阪ソ連領事館火炎瓶襲撃事件

8月13日（土曜日）　朝日新聞東京・名古屋両本社放火事件

この事件をざっと見ただけでもわかるが、朝日新聞阪神支局銃撃事件だけが、明らかに犯罪の質が違う。記者が亡くなったというだけではない。阪神支局襲撃事件だけが、プロの技に見えるのだ。犯行時間もたった1分。発射した銃弾も2発だけ。

他は素人なのか？

他の銃撃事件

放火事件と火炎瓶事件を除いて、他の銃撃事件を見てみよう。

まず、朝日新聞東京本社の銃撃。以下はＷｉｋｉｐｅｄｉａより。

「東京本社1階の植え込みから建物の2階に向けて散弾銃を2発発射したものと見られる。実況見分により、植え込み付近で未燃焼の火薬がみつかったことから、銃身を短く切った散弾銃が使われた」

続いて、名古屋本社への銃撃。

「無人の居間兼食堂と西隣のマンション外壁に1発ずつ発砲」

さらに、江副リクルート元会長宅への銃撃。

「元会長宅に向けて散弾銃1発が発砲」

すべて建物に向かって発砲している。散弾銃は同じものかもしれないが、犯人は違う可能性が高い。同じ犯人であったとしても、殺すつもりや破壊するつもりは全くなく、単なるデモンストレーションに見える。

　こう言えるのではないか。

　ここからは推測であるが、「赤報隊」のコアなメンバーは、右翼的な思想を持つ仲間の集まりだが、阪神支局襲撃事件のテロを起こすだけの力量のあった人々ではない。せいぜい、放火や建物への銃撃ができるだけの集まりだと思われる。

　ただし、阪神支局だけはスナイパーを雇った可能性がある。それは、日本人ではなく、外国人だった可能性が高い。そうであれば、足がつくことはない。

　なぜ、阪神支局だけスナイパーを使ったのか？

　示威行為ではないだろうか。阪神支局では、殺すのは一人だけの予定だったと思われる。犬飼記者に対しては、あきらかに殺そうとしているが、小尻記者に関しては、至近距離にいたために、抱きつかれたり、抵抗されることを避けて、銃撃したと思われる。

　さらに、高山記者に関しては銃撃をしていない。スナイパーであればこそ、無駄な殺しをしなかった。

犯人が想定していたのは、死者一人だけであったと思われる。犠牲者は一人だけで十分だった。きっと、それ以上増やすつもりはなかったであろう。

それで、十分、目的を果たすことができた。

その目的とは何か？　これは「脅し」と思われる。私たちの要求を聞かないと殺すぞという脅しだ。ただし、朝日新聞だけを狙ったわけではないだろう。

そして、もっと個人的な脅し。会社を襲撃されて一番困るのは誰か？　社長か経営陣であろう。そこに対する脅しかもしれない。

それも、朝日に限ったことではない。まったく関係ないところへの脅し、例えば、どこかの社長や官僚、政治家への脅し、「小尻みたいになりたいか？」といえば、怯えるであろう。そのような脅しの目的は、金銭である場合が多い。

また、おまけとして、朝日新聞や他の報道機関が怯えて、主義主張を変えてくれればラッキーであっただろう。あくまでおまけとして。

ただし、これは、筆者の推測でしかない。

近代史評論家の田中正明氏

２００６年に94歳で亡くなった近現代評論家の田中正明氏が、２０２２年に元兵庫県警第一捜査課長の山下征士氏が書いた本『二本の棘』に出てくる。阪神支局襲撃事件の重要人物として刑事・公安がマークしていたという。

犯人と名指ししているわけではないが、二カ所に渡って書いているので、一部引用してみよう。

「朝日新聞は１９８４（昭和59）年8月4日、『南京大虐殺』に関する記事を掲載しており、この記事をめぐり、実際に南京に入城した『都城23連隊』元メンバーが原告となる民事訴訟が発生。この民事訴訟は１９８７（昭和62）年1月に原告が取り下げる形で終結しているが、納得・和解の結論ではなく、その後もマスコミ上でも論戦が起きていた。

田中氏は１９８７（昭和62）年の『都城23連隊会機関誌』に『中曽根総理に物申す』と題する長文の原稿を寄稿。そこにおける靖国神社不参拝、教科書問題、朝日新聞批判の内容は『赤報隊』が送りつけた一連の犯行声明と類似していた。

（中略）

朝日は1985（昭和60）年11月24日、松井石根大将の日記に関する田中氏の著作に『改ざん』があるとの記事を掲載。〈「南京虐殺」ひた隠し〉〈原文に加筆し「創作」〉といった見出しで、田中氏を批判していた。

（中略）

これに強く反発したのが当の田中氏である。激しい敵意を表しながら、雑誌や書籍で次のように朝日批判を展開した。

『朝日のこれらの記事が十分な調査のうえに、ウラもとり、真実まちがいないものとして発表されるのならまだしも、なかにはとんだヨタ記事に類するものがある。調べればすぐにわかるような虚偽の証言までも、扇情的な大見出しをつけ、ニセ写真までも掲げて発展しているのである。旧日本軍の犯した罪悪に関することなら、それが嘘であろうと、でたらめであろうと、なんでもござれ……といった態度のようにさえ見える』（『南京大虐殺の総括』田中正明）

田中氏のキャリアや思想、そして朝日新聞への敵意を総合的に勘案すると、1

987（昭和62）年1月当時、ここまで公然と朝日新聞社と中曽根政権に「もの言い」をつけていた著名人は見当たらず、田中氏が真っ先にマークされるのはどう見ても当然であろう。

仮に実行犯でなかったとしても、影響下にある人物を操縦して犯行を指示することは可能である。田中氏に関しては1988（昭和63）年以降、三度にわたり捜査員による聞き取りがなされており、そこで彼はこう言っている。

○朝日新聞が襲撃された理由

そんなことは、あんたのほうが良く知っているではないか。月曜評論やミニマスコミに書かれているではないか。ソ連から金をもらっているのではないか。朝日を読んでいると精神衛生に良くない。

○犯行声明文について「50年前にかえれ」ということは

昭和12年12月から昭和13年1月までの南京攻略を言っている。この当時の朝日は、もっとも正しい報道をしていた。新聞の半ページを使って、写真特集として

5回にわたり、兵隊が病院において負傷した中国人に対し包帯を巻いたり、街で子供を抱いたり、ミルクをやっている姿や、コーラスをしたりしているほほえましい写真を掲載し、正しい戦争を報道していた。

○犯人像について

グリコ・森永事件を真似たものの犯行ではないのか。朝日平吾、来島恒喜、佐郷屋留雄、山口二矢等の本来の右翼は、暴力は悪いが自分も死ぬという風に、堂々としていた。これが本来の右翼である。この事件のように、遠くから銃を撃ったりして、こそこそ逃げるようなことをするのは左翼のやることだ。声明文から見ると左ではない。

○都城23連隊について

朝日は二審で敗訴したが、直ちに上告した。告訴者は70〜80歳の高齢のため、結審まで5〜10年かかる。そうすると告訴者は死んでしまうため、和解したものである」

少々長い引用であったが、もし、田中氏が犯人の首領格であったとしたら、血盟団事件の井上日召と似たような存在であっただろう。しかし、そうであろうか。「犯人像」で語られている通り、本来の右翼であれば、黒ずくめでテロをすることはない。

やはり犯人は、どこか、金銭的なにおいもする「グリコ・森永事件」のような犯人、あるいは犯人グループではなかったか。ただし、田中氏の本をよく目を通している人物であるのは間違いない。

第四章

戦後の怪死事件を考察する

1948年　帝銀事件

冤罪派も平沢犯人派も、最後までシロかクロか確信が持てなかった

文＝九鬼 淳（フリーライター）

薬を飲まされた行員たち

「集団赤痢が発生しました。GHQが行内を消毒する前に、予防薬を飲んでいただきたい」

1948年1月26日、閉店直後の帝国銀行椎名町支店に現れた中年の男は、淡々と行員たちに告げた。中年男の腕には、東京都防疫班の腕章がまかれていた。

中年男は、行員たちに信じさせるべく、自ら予防薬を飲んでみせた。当時は、戦後の混乱期で衛生事情もかなり悪い時代だった。十数人いた行員たちは集団赤

痢を疑うことなく、その言葉を信じ予防薬を飲み干した。

その予防薬を飲んだ行員たちは、突如、焼けるような胸の苦しみに襲われた。

その直後、中年男が出した二つ目の薬を、行員たちは、まるで痛み止めかのように自ら求め、またもや飲み干した。

すると、数分後、さらに、行員たちは激しい苦しみに襲われた。青い嘔吐物を吐きながら気を失うように倒れていった。

中年の男は、その様子をしり目に、何事もなかったかのように、現金約16万4000円、小切手1万7450円を奪い、悠々と銀行をあとにした。現在の額にすれば、合計2000万円近くのお金と小切手になる。

銀行に残ったのは、気を失い床に倒れ伏した行員たちだった。その中になんとか助けを求めようとフラフラになりながら、ひとりの女性行員が外に飛び出た。それに通行人が気づき近くの交番に通報した。

交番の巡査が銀行に駆け付けると、そこには十数人の男女が床に倒れていた。しかし、巡査は事件とは思わず、集団中毒と勘違いし本署に連絡したのだ。

これが帝銀事件である。

この事件を起こした男は、翌日には小切手を現金化している。しかし、そのときもまだ、警視庁は、この事件を集団中毒だと思い込んでいた。警視庁がこの事件を、銀行強盗と認識するのは、事件から2日たった28日の午後だった。

捜査の埒外だった平沢貞通

この事件の犯人とされたのが、平沢貞通である。彼はテンペラ画家として知られてはいたが、生活は苦しかった。

しかし、当初、警視庁に立ち上げられた捜査本部の本流は、犯人を旧日本軍の陸軍中野学校や旧陸軍731部隊の関係者であると考えていた。平沢は捜査線上にさえ、上がっていなかった。犯人が差し出した予防薬は青酸化合物であったため、劇薬のことを知っていないとできないと判断された。

さらに、犯人は焦る様子もなく、淡々と行員たちを死に至らしめていた。素人臭さが全く感じられない。そのため、平沢は捜査の対象からはずされていた。

一方、別ルートから犯人を割り出そうとした捜査員たちがいた。

それは、この帝銀事件が起こる前に二つの似た事件が起こっていたからだ。その事件では、死者も出ず、負傷者もなかったために、警察には届けられていなかったが、帝銀事件後、発覚した。

二つの事件とも、帝銀事件と同様の手口だった。銀行に乗り込んだ中年男が赤痢を語って行員たちに薬を飲ませようとして、失敗していた。

その時、犯人が行員に差し出した名刺の名前をたどっていくと、平沢にわたされた名刺と同じであることがわかった。さらに、平沢は帝銀事件後、偽名で何万円ものお金を預金している（その後、家族に10万円近いお金を送っていることも発覚）。そして、自らは北海道・小樽の実家に逃げ込んでいた。いくつかの状況証拠が、平塚が犯人であることを示していた。

それでも、捜査本部の本流では、平沢は眼中になかった。彼らは、陸軍731部隊の関係者を徹底的に探っていたのだ。

幻の自白と本当の自白

その状況を一変させる事実が浮かび上がってきた。平沢が起こそうとした詐欺事件である。1948年8月21日、平沢を犯人とにらんだ捜査グループは平沢の身柄を確保した。その時、平沢が日本堂時計店での詐欺未遂事件に関わったことが発覚した。

平沢を見た刑事が、日本堂時計店から来た通報、「お店で詐欺を働こうとした人物と帝銀事件の犯人のモンタージュ写真がそっくりである」を思い出したのだ。

そして、8月23日夜、幻の自白といわれる平沢の供述が始まった。

「なんとも恐れ入りました。申し訳ありません。帝銀の犯人は私であります。御手数おかけして申し訳ありませんでした。本日は長旅もあり疲れたので、詳細は後に述べさせていただきたい」

当時の担当刑事だった居木井為五郎から出された様々な状況証拠に、ウソが言えなくなってしまった平沢の言葉だった。

しかし、そのとき居木井は自白調書を取っていなかった。さらに、前例のない検事による直接取り調べという事態になって、居木井は担当を外されたため、最初の自白は幻となってしまった。

もし、この時自白調書を取っておけば、その後の裁判は違ったものになっていたかもしれない。

検事による直接取り調べは高井一検事が担当した。しかし、検察へ送致された平沢は一転、自白を否定し、犯行を否認しはじめた。

だが、平沢に対して高木が何万円もの預金のお金はどこから手に入れたのか追及すると、平沢は、しどろもどろになり説明することができなかった。

9月23日、とうとう平沢は本格的に自供を始める。10月8日と9日には、高木の上司であった出射義夫検事が取り調べを行って調書をとった。

10月12日、平沢は起訴された。だが、裁判が始まると、平沢はまたもや供述を一転させ犯行を否認した。それは一生変わることはなかった。

死刑執行も再審もされなかった平沢

結局、判決は死刑であった。だが、平沢はその後、2回の再審請求をし、平沢の支援者も十数回にわたって再審の請求をしたが、一度も裁判所に認められることはなかった。

一方、死刑も執行されることなく、平沢は刑務所で95歳の人生を全うしている。死刑も執行されずに、再審もされないという、平沢が犯人とする人たちにとっても、冤罪であるとする人たちにとっても、玉虫色の決着になったのだ。

では、なぜ、そうなったのだろうか。

冤罪派から言わせれば、裁判所（法務省）は、平沢が犯人ではないとわかっていたから、死刑にすることができなかったとなる。もしかすると、そうかもしれない。

あるいは、法務省も「無実」を訴える平沢の迫力に負けてしまったのかもしれない。

だが、「無実」になることも、再審になることもなかった。その理由は簡単だ。

無実を証明する決定的な証拠がなかったからだ。

ここが、この事件の最大のポイントであった。シロかクロか結局最後までわからなかった。

状況証拠を見れば、あきらかに平沢はクロである。だが、決定的なクロの根拠は平沢の自供にあった。平沢の指紋があったとか、ＤＮＡ（血や体液）が残っていたとか、監視カメラに映っていたとか、テープに声が残っていたとか、そういう物的証拠はない。

だからといって、犯行時に平沢にアリバイがあったとか、口座にあったお金や家族に送ったお金の出所が、まったく別のところにあったという証拠もない。

さらに問題は、自供が拷問などの状況でなされたわけではなかったことだ。肉体的、精神的に痛めつけられて自供を求められたわけではない。

冤罪であるとして再審を求めた側は、自供は拷問に近い状況で行われたと訴えたが、裁判所は退けている。それは、明らかにそのような状況がなかったからだ。

高木検事に代わって、最後に自白調書を取った出射検事は第一審の公判中のことを書いた文書で以下のように述べている。

「(出射は平沢に聞いた。)

『高木君は無理な取り調べをしたかね』

(平沢は答えた。)

『高木さんは紳士です。私の友達です。留置中に進駐軍の人が来て、調べに無理はないかと言ったので、高木さんはゼントルマンだと言ってやりました』」

実際、平沢はUPI通信社のアーネスト・ホーブレクトに対して、英語で「警察は自分を礼儀正しく扱い、自白を引き出そうという拷問的手段を用いるようなことはなかった」と強調して語っている。

その話を聞いたアーネストは、平沢は警察から手ひどい扱いを受けた兆候を認められず、手つきはしっかりしていたと記事に書いている。

平沢の自白は拷問でなされたことでないことはいくつかの証言で明らかになっている。

嘘をついてまで無罪を勝ち取ろうとした「救う会」

さらに、1965年3月15日に当時の「平沢貞通氏を救う会」事務局長と画商Nが逮捕・起訴される帝銀偽証事件が起きている。

これは、画商Nが平沢の自宅で絵画16点を15万円で買い受けたと東京高裁で証言したことが、嘘であったことが判明したことによる。画商Nは「平沢貞通氏を救う会」事務局長と画策して虚偽の証言をした。しかし、平沢の妻と娘が口裏を合わせることを拒否したために嘘がバレてしまった。

平沢が所持していた18万円の出所を嘘ででっち上げしようとしたのだ。そもそも、嘘で出所を作り出そうという時点で、平沢が犯人であると言っているようなものである。

もし、平沢を無実と信じていて、嘘でも助けたかったとしたら、なぜ、平沢の妻と娘は口裏を合わせなかったのか。それは、正義感だったのか。それとも、どこかで平沢が犯人であるかもしれないと思っていたからか……。

なお、金の出所に対して、平沢は一切語ることがなかった。これについて作家の松本清張は、平沢は自らのポリシーに反する春画を描き、それを売って得た金だったのではないかと推理している。ポリシーに反していたため、言えずに黙っていたのではないかという。もちろん、買った方も春画を買ったとは言えないから、名乗りをあげないと。

しかし、春画と引き換えに、自らの死刑判決を受け入れるだろうか。はなはだ疑問ではある。

話を元に戻そう。お金の出所がでっち上げでは、裁判所も再審を受け入れることはできない。

裁判所も人の子である。決定的証拠があれば、無実を訴え続ける平沢をむざむざ処刑することはない。しかし、一度決まった決定をひっくり返すには、新たな証拠が必要だ。

実際、最近では「袴田事件」の袴田巌氏が再審請求の上、無罪を勝ち取っている。それは、新たな証拠が出てきたから可能になった。他にも、最高裁による死刑判決に対して多くの再審が行われている。

一方、再審請求をしても、死刑を執行されることもある。オウム真理教の麻原彰晃もそのひとりである。彼の罪は様々な証言で決定的であった。

平沢はそのどちらでもなかった。

GHQの謀略論

もし、平沢が犯人でないとしたら、誰が犯人なのだろうか？

帝銀事件は、GHQによる化学兵器の人体実験であったという説がある。GHQの指示を受けた元731部隊の兵士が真犯人だという。

何人かの名前があがっていたが、すでに亡くなっていて、真偽を確かめることが難しくなっている。もし、アメリカの公文書館に、そのような指示の文書が残っていればいいが、その可能性もかなり低い。

アメリカの公文書は機密文書であっても60年で公開される。帝銀事件からすでに75年以上が過ぎている。もう出てこないであろう。

証拠がないからと言って、GHQが絶対にそんなことはしないという保証はない。同時期に起きた下山事件などはＧＨＱの関与の可能性は高い。日本を化学兵器の実験場にしてもおかしくない。

しかし、もし、ＧＨＱであったとしたら、なぜ、あんなにも人がいるところで実験をしなければならなかったのだろうか？　わざわざ、公衆目前で実験しなくても、できたはずだ。

さらにいえば、もともと捜査本部は７３１部隊出身者を疑っていた。実際、本部の本流はそちらの方に重心を置いて捜査をしていた。にもかかわらず、ＧＨＱからも日本政府からも捜査に対して一切、横やりが入っていない。

国鉄総裁の下山定則が怪死したときは、捜査に日本政府の中枢から横やりが入っている。明らかに、ＧＨＱの動きが違う。

だからといって、ＧＨＱが関係ないという証拠はない。

すべてが半信半疑なのだ。ＧＨＱの手下として平沢が働いていたという説もある。

ＧＨＱ謀略説も半信半疑だし、平沢が犯人であるというのも半信半疑だし、冤罪であるというのも半信半疑なのだ。

どうしてこうなってしまったのだろうか。

それは、あまり語られないが、平沢に虚言症という精神疾患があったからだといえる。

狂犬病予防接種の後遺症で虚言症だった平沢

平沢の弁護を担当した山田義夫は、小菅拘置所に移管されてから1週間後の平沢に会っている。その時の様子を「上告趣意書」で述べている。

「平沢に面会に行った私に、最初は『私は犯人ではありません』と言った。『それにしても細かいことに答えているじゃないか』と言う私に、『教えられれば何でも答えられます』と言った。

次いで『しかし、私は今は結構楽しいのですよ。夜になると仏様が出て来て歌の遊びをしているのです。私はもう現し身ではなくて仏身なのです。だからたのまれれば何にでもなりますよ。帝銀犯人にでも何でもなりますよ』と言った。その瞬間たちまち彼は犯人になったらしい。

眼を光らせて『私は帝銀犯人だ』と言った。『さっきと話は大分ちがうようだが』と言う私に、『いいえ私がやりました、荏原も椎名町もやったんです』と断言した。その怪しい不気味な彼の目付きから、私は狂っていると直観した」（※荏原は帝銀事件前におこされたふたつの事件現場の一つがあった場所。椎名町は帝銀事件の場所）

平沢は狂犬病予防接種の副反応によるコルサコフ症候群の後遺症を持っていた。そのため虚言症という精神疾患があった。それが、上記の弁護士が見たように、やってもいない帝銀の犯人になりきり、それを真実として信じきってしまう平沢を作り上げていた。

だが、それは本当に虚言だったのか。「救う会」は平沢の「やった」は虚言であると言うが、はたして虚言だったのか。これは、結局、どっちかわからないのだ。もしかすると、平沢自身もわからなくなっているのかもしれない。

平沢冤罪説を強く主張した読売新聞の竹内理一記者は、こんなことを述べている。

「私はだからといって平沢が、白だとも言い切れないのである。平沢と松井名刺との結びつき、事件後の平沢の行動、はっきりしない金の入手など、平沢をめぐるモヤモヤしたものは私にも説明がつかない」（※松井とは、犯人が帝銀事件の前に起こした事件で、行員に渡した名刺の名前のこと）

ちなみに、「救う会」の弁護士だった遠藤誠は平沢のことを菩薩のようだと言っている。平沢は、精神疾患患者なのか、菩薩なのか。

結局両方なのだろう。それが、この事件を複雑にしている。平沢の持っている病気が自白を促し、逆に無罪を訴えた。

もしかすると、GHQによって、平沢は、その病を利用されて犯人としてでっち上げられたのかもしれない。

1949年　下山事件

GHQの指令で否定された自殺説

文＝九鬼 淳（フリーライター）

忽然と消えた下山総裁

戦後のミステリアスな怪死事件の筆頭は、下山事件であろう。1949年7月5日、国鉄総裁の下山定則が轢死体となって発見された事件である。

7月5日8時20分ごろ、初代国鉄総裁に就任したばかりの下山総裁は大田区の自宅を公用車で出発した。午前中の会議に出るためであったが、下山は様々なところに寄り道をしている。

しかし、寄り道はいつものことなので、運転手は総裁の指示通りに右に左にカ

下山定則総裁（写真：アフロ）

ーブを切りながら、運転していた。

最初は、運輸省の先輩である佐藤栄作（後の首相）のところへ行こうとしたり、「買い物をしたいから三越へ」といったり、いや、「白木屋でもかまわない」となって、白木屋へ向かった。

しかし、白木屋はまだ開店前だった。すると下山は三菱銀行（当時は千代田銀行）に向かってくれといい、三菱銀行で地下の私金庫から２５００円を持ち出している（現在価格で50万円ほど）。

その後、下山総裁は車に戻ると、

「今から行けば、三越はちょうどいいだろう」

と、三越に向かった。そして、午前９時40分ぐらいに三越前に到着すると、５分ぐらいで戻ると言い残し、三越店内に入っていった。

しかしその後、下山は運転手の前に姿を現すことはなかった。

この日、下山は午前９時から局長会議があった。そのため、下山の秘書は総裁の車の到着を国鉄本社の玄関で待ちわびていた。しかし、下山は現れない。下山の所在を確認しようと、秘書は下山の私邸に電話をするが、電話の回答は、下山は定刻通りに出たということだった。

秘書は、それでも30分近く待ったが、下山が現れないので、心当たりを10カ所ほど電話したが、行方をつきとめられなかった。秘書は、10時45分にとり急ぎ、斎藤昇国警長官、田中栄一警視総監に、下山が消息不明の連絡を入れている。

この連絡を受けて、田中総監は刑事部長と警備部長を呼んで、万一に備える体制を取った。そして、午後4時、警視庁は緊急捜査会議を開き、午後5時にはNHKのラジオニュースが、下山総裁が行方不明であることの第一報を伝えている。

このニュースを聞いた下山の運転手はびっくりした。下山は普段から、約束の時刻通りに帰ってくることは少なく。今日もそうだろうと、高をくっていたのだ。運転手はすぐに三越店内に入って、下山を探した。

しかし、下山はすでに行方がわからなくなっていた。

轢死体が方々に散らばっていた

7月6日、午前零時25分、北千住駅から松戸に向かう最終電車が、東武線ガード下の交差点を過ぎた時、機関士は20メートル前方の線路内に赤っぽい轢死体のようなものを見つけた。

そのことを綾瀬駅で駅の助役に報告すると、小雨の中、現場を確認するため駅員たちがカンテラをかざして線路に向かった。そして、現場に着くと、頭と顔、胴などが切れ切れに飛び散っていた。轢死体は、最終電車の前に走っていた貨物列車が引いたものと思われた。

その轢死体が、下山総裁であることがわかったのは、轢死体の通報を受けて駆け付けた警官が下山総裁名義の定期券を拾ったからであった。

総裁と聞いて、駅長が現場に飛んできて、上り線と下り線の間に転がっていた胴体を持ち上げると、そこには血が一切ついていなかった。他の飛び散った体の部分の下にも血がついておらず、雨にも濡れてもいなかった。

しかし、駅長は総裁であることを確認できなかった。総裁なら眼鏡をかけているはずだと、眼鏡を探したが見つからない。結局、総裁であることが確認されたのは午前4時、以前、総裁の秘書をしていた上野駅の旅客係長が来てからだった。

6日の午後、東大法医学解剖室で古畑種基博士立ち会いのもと、桑島直樹博士執刀で下山総裁の解剖が行われた。

それによると、

・絞殺、毒殺、銃殺、外傷による出血は認められず。
・死亡したのは5日の晩だろうと考えられること。
・外部出血が少ない。
・屍体の各部の擦傷傷、首、胴、手足の轢断面に生活反応がないので、死後轢断といえる。

だった。

生活反応とは、事故があった時、生きていれば、そこで生きていた証拠が残るということ。例えば火災が起きて死体が見つかったとき、火災時に生きていれば、当然、息を吸い込むから、肺に吸った煙が残る。しかし死んでいれば煙は残らない。これと同じように生きたまま轢かれれば、血液が飛び散るだろうということだ。

この解剖を担った古畑博士は後にこう語っている。

「当時私は結論として死後轢断であるということにとどめておいたのです。とどめておいたけど、その中の含みとしては他殺であるという含みがあるわけなんですね。

（中略）

私はあのケースは貧血がひどかったので、どこかで血管を切って貧血させておいてですね、そして死体を運んだんではないかという推定をもっています。その他に油がついていたり、それから五色の色のついた色素のものがついている。ことに油なんかは、靴下とか、下帯とか、あるいはさるまた、そういったものについていて、上の方にはついていないんです。だから裸にしてね、そういう油のある所にころがされていたのではないかと、そういうことが推定できるわけです」（東京12チャンネル放送『私の昭和史』より）

自殺説の根拠は何か?

下山総裁は古畑博士の解剖結果どおり、他殺説に落ち着いたわけではない。自殺説も根強く残ることになる。

根拠は、下山総裁の目撃証言がかなり多く寄せられたからだ。特に5日の14時から17時30分にかけて死亡現場に近い末広旅館に滞在していることや、死亡現場でも18時から23時ごろにかけても目撃されている。

そして、下山総裁の体重は75kgあり、かなり重い。それを線路の上に横たえるのは時間がかかる。下山総裁の轢死体のあった個所はかなりの列車が通っており、その間を縫って死体を横たえるのはかなり無理がある。

さらに、生活反応がないといっても、当日はかなりの雨が降っており、それによって血が流れたのではないかというのだ。

下山総裁の自殺の動機は、国鉄職員の人員削減に対する重圧に負けたというものが語られた。

ＧＨＱ経済顧問のジョセフ・ドッジが提案したドッジ・ラインの強行によって、国鉄は第一次人員整理として３万７００人の人員削減を発表した。それが、下山総裁が行方不明になる前日であった。この発表で、国鉄労組は下山総裁をつるし上げるであろう。それに耐えられないと考えた下山が自殺したというものだ。

決定的なのは、ＧＨＱから「自殺の発表をするな」という命令が発せられたことである。

当時の日本は共産主義や社会主義の勢力が非常に強くなっていた。

日本を占領したＧＨＱは戦前の日本の軍国主義を復活させないために、天皇制に批判的だった共産党を支援した。その代表が民政局長のケージスであった。

しかし、あまりにも共産主義の勢力が強くなり、日本の政権を共産党が握る可能性が出てきた。さらに、米ソの冷戦がスタートし、中国革命が成功して、中華人民共和国の誕生が目前になると、アメリカにとって日本は民主主義、資本主義の最前線の砦として、活用すべきであるとの方針に変わった。

その方針の代表がGHQのなかで共産党嫌いで知られていたウィロビーであった。彼は共産党をおし潰すための政策を次々と打ち出し、謀略にも手を染めた。ウィロビーは共産党を潰す策略として下山総裁を自殺とせずに、共産党が殺害したと宣伝しようとした。

だが、実際は、自殺かどうかわからない。

下山総裁を殺して、その責任を共産党に擦り付けた可能性もある。こちらの方が成功率は高い。自殺であれば下山任せになるが、殺すのはGHQの裁量でできる。

古畑鑑定の崩壊

現在、下山事件に対して、他殺説と自殺説の両方が主張されている。他殺説が避けられるもう一つの理由は、下山総裁の解剖に立ち会ったのが、古畑博士であるからだ。

古畑は、再審され無罪になった「島田事件」で、もともとの鑑定をした人物である。検察側の主張に沿った鑑定結果を出し、島田事件で犯人とされた赤堀政夫を罪に追い込んだと見る人たちもいる。

さらに、日本の司法において、血液鑑定に疑問を持たれて無罪になったのは古畑博士が関与した島田事件を含む４つの事件だけである。

古畑博士は、当時、日本法医学会の第一人者で、もっとも権威を持っていた。そのため、古畑博士の意見に異をとなえるものはいなかった。だから、彼の間違った鑑定がスムーズに通ってしまったという。

古畑博士が亡くなった現在、彼の鑑定は否定されるようになった。さらに、岩波書店は古畑博士の著書『法医学の話』を絶版にしている。

状況が逆転したわけだが、自殺説に固執している人たちは、古畑博士を全面的に否定したい人たちでもある。結局、それは古畑博士が冤罪を作り出した構造と同じではないだろうか。鑑定した人を問題にするのではなく、鑑定の内容で判断すべきなのではないだろうか。

下山事件においては、他殺であったとしても、自殺であったとしても、ＧＨＱ

は共産党と労働運動の破壊をもくろんだであろう。

実際、自殺説を発表しようとしたときに、ＧＨＱはそれを封じている。そして、国鉄職員の人員削減を強行しているのだ。

だから、それほど古畑博士の他殺説はＧＨＱにとって意味のあるものではなかった。

それよりも、古橋博士が後に語られた。

「だから裸にしてね、そういう油のある所にころがされていたのではないかと、そういうことが推定できるわけです」

の言葉の方が、重みがある。

他殺説の決定的根拠

他殺説は、下山事件を追い続けた朝日新聞の矢田喜美雄記者が、ほぼ証明していると言っていいだろう。古畑博士を否定し続けている人には信じたくないだろうが。

矢田記者は、下山総裁の血痕が、轢かれた場所から土手べりまで続いていることをルミノール反応の発光性試薬を用いて発見した。これによって、ほぼ他殺説が証明された。

矢田記者による『謀殺下山事件』には以下のように書かれている。

「下山総裁殺害計画は某国謀略の工作である。目的は日本における社会不安を起こすために仕組まれた。

（中略）

ビルに連れ込まれた総裁は間もなく暴力によって失神させられ、腕に注射をされて裸にされた。はぎ取った衣服は中村という総裁より少し背の低い49歳の男が身につけてビルを出た。

総裁は夜に入り、腕の上腕部の血管を切られ血を抜き取られて死んだ。夜9時半ごろには死体は再び自動車にのせられて現場に運ばれた。総裁を轢いた列車は午後11時30分ごろ通過した貨車である。現場には先行した3人の監視班がいてあらかじめ準備していた」

総裁を轢いた列車の時間は少々違うが、この記述と、古橋博士の語った内容とは矛盾しないどころか、ほぼ一致している。さらに、犯行現場に下山総裁の目撃情報が多くあった理由も明らかになっている。

なお、『何も知らなかった日本人　戦後謀略事件の真相』（畠山清行）には、下山総裁が連れ出された場所も書かれている。それは勝浦にある山間に隠れた工場だとされる。さらに、下山総裁が裸にされた理由の一つとして、彼が下着の中に労働組合側との秘密文書を隠していないか、確かめるためだったとも書かれている。

ただ、秘密文書を持ち歩くのも考えづらく、やはり、アリバイ作りのための工作だったと考える方が自然であろう。

1949年　三鷹事件

犯人に仕立てられた若き国鉄労働者

文＝九鬼 淳（フリーライター）

商店街に突っ込んだ無人列車

１９４９年7月15日20時23分、東京都三鷹市にある国鉄三鷹電車区（現・ＪＲ東日本三鷹車両センター）から無人の63系電車４両を含む7両編成の電車が、突然、暴走しだした。

そのまま、三鷹駅の下り1番線に進入した後、時速60㎞ほどのスピードで車止めに激突。しかし、電車は止まることなく、車止めを突き破って脱線。

さらに、電車は脱線したまま、線路わきにあった商店街に突入していった。商店街には多くの人たちがいたが、その人たちは脱線してきた電車の下敷きになり、男性6人が死亡、20人が負傷した大惨事となった。

　これが三鷹事件である。

頻発していた列車事故

　三鷹事件をはじめ、国鉄では前年から不審な事故や事件が続いていた。下山事件、松川事件、そして、この三鷹事件を指して国鉄三大ミステリー事件というが、他にも何者かによって仕掛けられた多くの事故や事件が起きていた。

　そのひとつが、1948年4月27日に起きた庭坂事件である。

　日付が変わって0時4分、国鉄の青森発上野行きの402列車が、奥羽本線の赤岩駅と庭坂駅の間にある馬洞門トンネルを走行していた。そして、トンネルを出た瞬間だった。

　機関車と郵便車が脱線し、土堤から10m下へ転落、岩石に激突した。岩石の破片は機関士と機関助士を直撃、2人は即死。たまたま機関車に便乗していた技師の1人も巻き添えで重傷を負った。

同時に連結されていた荷物車と客車各1両も脱線。しかし、客車は先頭車が45度まで傾いたものの、電化工事中のための電柱が支えとなり転落を免れた。

現場検証によって、脱線地点付近の線路の継目の板2枚、ボルト4本、犬釘6本が抜き取られていた。明らかに何者かによって仕掛けられた転覆事故であった。

翌1949年5月9日には、予讃線事件が起きている。

朝4時23分、準急第一旅客列車は高松桟橋駅を出発して予讃本線（現：予讃線）を宇和島駅に向かって走っていた。時速55㎞で、愛媛県温泉郡難波村（現：松山市北条）にある浅海駅付近にある北条町難波大浦のカーブに差しかかった。するど突然、機関車が転覆したのだ。

その後列車はおよそ40ｍを走行し続けた。そして、右方の丘に激突、120度急旋回し、高さ8ｍの崖に乗り出して、やっと停止した。

機関車に続いて炭水車と2両の客車もL字型に脱線した。機関助士ら3人が胴体を切断され、全身やけどで死亡。他の機関士1人は自力で這い出して奇跡的に生還した。

これも何者かによって仕掛けられたものだった。現場検証によると、線路の継ぎ目板2カ所4枚、ボルト8本、犬釘7本が故意に抜き取られており、レールが75㎜ずらされていた。

現場付近に残されていたバール、レンチにはローマ字の刻印があり、明らかに国鉄で使っていたものではないことが判明している。

なお、現在に至っても、上記ふたつの事故について、誰が線路の工作をしたかわかっていない。

下山事件、そして三鷹事件

同年7月5日に下山事件が起きている。詳しくは下山事件の項で書いたので詳細は省くが、国鉄総裁の下山定則が轢死体で発見された事件である。

下山事件を受けて、総裁を殺したのは共産党の仕業であると、GHQは大々的にキャンペーンをはじめた。

それまでの事故についてはあったが、共産党とのかかわりについての言及は、大々的には行われてはいない。

しかし、下山事件以降、共産党や労働組合とのかかわりが大々的にキャンペーンがされるようになった。GHQは、そのキャンペーンをするタイミングを狙っていたのかもしれない。庭坂事件や予讃線事件は下準備の段階だったのだろう。

そして、三鷹事件が起きた。

犯人にでっち上げられた若き国鉄労働者

三鷹事件では10人の共産党員と、1人の非共産党員あった元運転士が犯人として逮捕された。この元運転士が竹内景助である。

この逮捕された11人のうち、共産党員1人についてはアリバイが成立したため釈放された。しかし、残りの共産党員9人と竹内と、さらに2人が偽証罪で起訴された。

公判で竹内は、なんども発言を求め、泣きながら早口で自らが単独犯行であったことを主張した。

しかしその後、竹内は犯行を否定している。このときは、共産党の弁護士から、「罪を認めても大した刑にならない、必ず近いうちに人民政府が樹立される、ひとりで罪を認めて他の共産党員を助ければ、あなたは英雄になる」と説得されて、罪をかぶった。

実際、竹内には、犯行時間とされた時間帯に、同僚と一緒に風呂に入っていたというアリバイがあった。これは同僚の証言によって裏付けられている。

そのため、検察側は、同僚と一緒に風呂に入っていた時間は竹内が主張する時間より遅かったとしてアリバイを崩す姿勢を見せていた。しかし、弁護側はなぜか同僚の証言を関連性なしとして、証人要求を拒否している。結局、証言は採用されることはなかった。

1950年、東京地方裁判所（鈴木忠五裁判長）が判決を下した。

非共産党員の竹内の単独犯行として、往来危険電車転覆致死罪で無期懲役だった。一方、共産党員に関しては、竹内との共同謀議の存在を「空中楼閣」と否定し無罪とした。

竹内の主張通り、竹内の単独犯となり、共産党員は無罪となったのだ。しかし、竹内は英雄になることはなかった。もちろん人民政府も樹立されることはなかった。結局、竹内は騙されたのだ。

死刑を言い渡された

作家、加賀乙彦は竹内と面会をしている。そのとき竹内は、

「おれは弱い人間なんですね。弱いから人をすぐ信用してしまう。党だって労組だって、大勢でお前を全面的に信用するといわれれば、すっかり嬉しくなって信用してしまった。(中略)けっきょく、党によって死刑にされたようなもんです」

と語っている。一方、三鷹事件で、被告たちの主任弁護を引き受けた弁護士で共産党の衆議院議員にもなった林百郎は、後年、以下のように述べている。

「もう一度、『三鷹事件』のことを考えてみた。竹内がシロだと考えると証拠と証拠の間に次々と矛盾が起る。しかし、クロだと考えるとつじつまが合う」

この二つの話の整合性を取れば、三鷹事件の被告の弁護にあたった林弁護士は、腹の中で竹内はクロだと思いつつ、共産党員たちを助けるために、竹内にはまるでシロであるかのように話しながら（ただし、言説を取られないようにシロ、クロどちらでも取れるように話している）、罪をかぶってくれと言っていたことになる。

これは、あまりにひどい。竹内の気持ちをもて遊んでいる。

一審判決では、竹内が意に反して解雇されたこと、計画性がなかったこと、人命を奪うことになるとは考えていなかったことから、死刑判決ではなく、情状酌量が認められて無期懲役だった。

しかし、巷では死刑にしろという声が上がっていた。6人も一挙に死亡させた責任を考えれば、死刑判決でもおかしくない。大手マスコミも朝日新聞を除いて、読売新聞、毎日新聞、産経新聞などは、被害者や遺族の言葉を通して、無期懲役判決を批判した。

竹内の気持ちはいかばかりであったか。罪をかぶったのにもかかわらず、世間からは刑は軽すぎるとののしられ、主任弁護士からは犯人と思われている。なおかつ、あろうことか、検察側は判決を不服として控訴した。

1951年、東京高等裁判所（谷中董裁判長）は検察側控訴を受け入れ、書面審理だけで、一回も裁判を開くこともなく、無期懲役判決を破棄し、より重い死刑判決を言い渡した。

裁判所は世論の後押しを受けて、遮二無二、竹内を死刑にしようとした。この裏にはGHQの意向も働いていたのは間違いないだろう。

このことに共産党は気づいていただろうか。きっと気がついていただろう。しかし、非共産党員を犠牲にすることはやむを得ないと思っていたのだと思う。傲慢な意識だった。

GHQの狙いは国鉄労組と共産党の弱体化にあった。

1947年の二・一ゼネストの失敗以降、その教訓から、多くの労働組合は急進化し、比較的穏健だった国鉄労組も急速に尖鋭化していた。そして、その急進化を指導していたのが共産党員だった。

1949年11月4日、三鷹列車事故裁判から締め出され、閉ざされた扉から裁判の傍聴を試みる傍聴人たち。
(写真：チャールズ・ゴリー /AP/アフロ)

ＧＨＱの狙いは、この尖鋭化する国鉄労組を潰すことだったから、当然、潰れない限り、次の手を打ってくるのは明らかだった。

実際、その後、松川事件が起き、国鉄労組と共産党の力が強かった東芝労組が狙われることになる。

残された人々による冤罪との戦い

竹内は上告したが、最高裁でも口頭弁論が開かれることはなかった。そして、１９５５年6月22日に死刑判決が確定した。

この裁判では死刑判決に対して賛成8対反対7の1票差であった。そのため、物議を醸した。もし、口頭弁論を行っていれば、判決がひっくり返った可能性があったからだ。そして、これ以後の最高裁の死刑上告審理では、口頭弁論を開くことが慣例となった。この意味でも竹内は犠牲になったと言える。

その後、竹内は無実を訴え続けた。１９５６年には、東京高裁に再審を申し立てている。雑誌『文藝春秋』に陰謀説を訴えた投稿もした。

竹内は収監されていた東京拘置所内で、激しい頭痛に襲われた。脳腫瘍であった。だが、拘置所側は拘禁症状であるとしてこれを無視した。適切な治療を行うことはなかった。

1967年1月18日、収監先の東京拘置所で竹内は無念の死を迎えることになる。まだ若い45歳であった。竹内の死後、国は遺族に国家賠償請求に基づき慰謝料を支払っている。

同年、高裁は竹内が獄中で死亡したことを理由に、再審の手続きは終了したと決定した。翌年、再審請求の異議申し立てが棄却されたことに対する特別抗告も棄却されている。

しかし、それでは終わらない。竹内の無念を晴らさなければならない。43年後の2011年11月10日、竹内の長男が2回目の再審請求を申し立てた。しかし、これも2019年7月31日に東京高等裁判所は再審開始を認めない決定をした。

さらに、弁護団はこの決定を不服として同高裁に異議を申し立てたが、2022年3月1日、同高裁に棄却され、最高裁に特別抗告。それも、2024年4月

17日に最高裁で棄却され再審開始を認めない判決がでて確定した。

だが、竹内の名誉を守る戦いは続いている。同年9月5日、竹内の長男が3回目の再審請求を申し立てている。

無実であることの根拠

竹内の無罪を示す根拠は多くある。列挙しよう。もっとも、大きな問題は、竹内の判決の根拠が「自白」にあることだ。

その自白の中で、どう列車を動かしたかが問題になった。列車を動かすことができなければ、もちろん暴走はない。

竹内の自白では、先頭車両の運転台にのりこみ、自動車のアクセルに当たるコントローラーのハンドルを、バネの強い力で戻るのを左の掌で押さえつけながら、右手だけで麻ヒモを結んでハンドルを固定したことになっている。

この状態で、先頭車両のパンタグラフを上げて通電させ、無人電車を暴走させたとなっているが、一人でこのような作業を行うのはとうてい不可能。ヒモを結ぶ作業は、両手の指を使わなければできないにもかかわらず、片手で行ったことになっている。

そして、現場から発見されたのは紙ヒモであるが、竹内の自白では「麻ヒモ」であった。さらに、紙ヒモの結び方は「コイル巻き」という特殊なものであったが、この結び方を竹内は知らなかった。

事故の車両に取り付けられていたMC1A形マスター・コントローラーは、錠を解除しないと操作できないもので、裁判では、竹内が針金で開錠したとしたが、それは不可能。

証拠の証言として、事件発生当時、停電中の暗闇の中で、事件現場近くを歩く竹内を後輩が目撃したとあるが、真っ暗闇の中でなぜ竹内と判ったのか不明。

竹内には犯行時間とされた時間帯に元同僚と風呂に入っていたアリバイがある。

竹内自身は人員整理を受け入れて退職金を受け取ることを決めていたので、国鉄に対して報復的なことをする必要はなかった。実際、消防署の面接を受けていた。

竹内の無実を示す数々の証拠があるのだ。

謀略を匂わせる様々な動き

さらに、謀略を匂わせるさまざまな証拠も残る。特に共産党員の犯行であるかのように印象づける証言もあった。

中野電車区で「今夜、三鷹駅で共産党が大事故を起こす」という噂が流れていた。

事故直後に三鷹駅前の広報放送で「この事故は、共産党員が関係しているとみられます」と流れた。

事故発生直後にヤクザ風の男20〜30人の一団が、駅前広場に駆け出てきて現状保存のため手際よく縄を張り、「これは共産党の仕業だ」と吹聴した。

米軍MPのジープが素早くやって来て、事故現場周辺の人々を「ゲッタウエイ」（Ｇｅｔ ａｗａｙ）と追い出した。

状況証拠をみるかぎり、ＧＨＱによる謀略といわざるを得ない。決定的証拠はない。しかし、そう考えない限り、何一つ辻褄が合わない。庭坂事件、予讃線事件、下山事件、三鷹事件、そして次項で解説する松川事件、この一連の事件は、GHQが国鉄の労働運動と共産党を潰すために仕組んだものだった。

実際、これらの事件によって、国鉄3万7000人の削減が行われた。そして、その多くが労働運動の活動家だった。他の急進的な組合も同じであった。

唯一、有罪判決が確定した事件

ただ、この三鷹事件が他と違うのは、唯一有罪判決を受けたものがいるということ、それも死刑判決を受けた人物、竹内がいるということだ。

竹内が有罪になった原因は、共産党の弁護団が、彼を守ろうとしなかったからだ。もっといえば、彼が共産党員ではなかったからだ。

ここに、現在まで続く共産党の党派性があると言ってもいいと思う。結局、おのれの利害しか考えない党ということだ。自民党と全く変わらない。おのれの党派的利害のためなら、他の人間は犠牲になっていいということだ。

しかし、竹内は、共産党は労働者のために闘ってくれる、自分を助けてくれると思ってしまった。これが悲劇のはじまりだった。最初から自分のことしか考えない党であること知っていたら、有罪判決はなかったかもしれない。

ここに三鷹事件の真相がある。ＧＨＱが起こした犯罪であることは、公でないとしても多くの人は知っている。しかし、一方で、自らを守ってくれると公言している党が、実は裏切っていたということはあまりは知られていない。

闇に葬られた
昭和の
怪死事件

1949年 松川事件

GHQの謀略組織CICが引き起こした転覆事故

文＝九鬼 淳（フリーライター）

ほぼ明らかになっているCICの工作

松川事件を引き起こしたのはCICと言われている。松川事件は東北本線で起きた旅客列車の転覆事故である。機関士など3人が亡くなっている。

CICはGHQのG2傘下の謀略組織である。GHQには、いくつかの組織があり、よく知られているものにGSとG1、G2があった。

GSは民政局であり、GHQの初期に日本の戦後政策をすすめた組織である。GSには、チャールズ・ケージス大佐がいた。共産主義にシンパシーを持ち、日

ジャック・キャノン（写真：アフロ）

本国憲法の草案を8日間で書き上げたという、抜群に頭のいい自由主義者であった。

G1は参謀第一部であり軍令組織である。そしてG2だ。

G2は参謀第二部であり、課報、治安を担当していた。このG2の部長がチャールズ・ウィロビー少佐である。かなりの共産主義嫌いであった。この課報部門の下にあった組織がCICだ。

また、G2の下にはキャノン機関もあった。ジャック・キャノン少佐が率いる課報機関、Z機関のことである。キャノン少佐が率いていたので、通称、キャノン機関とよばれている。

キャノン機関とCICの違いは、キャノン機関は米軍兵士が直接に担っていることであり、CICはどちらかと言えば米軍兵士もいたが、それに限らず雑多な人々で構成されていた。

また、キャノン機関は情報を集め情報工作をする部隊で、CICの方が謀略の工作をする部隊といえる。もう少し俗っぽくいえば、あまり手を汚さない仕事をキャノン機関が行い、手を汚す機関をＣＩＣがやるといっていいだろう。だが、それほど厳密ではない。キャノン機関も汚い仕事はしている。

なお、ＣＩＡは、この当時はＯＳＳと呼ばれ、ＣＩＣとは関係ない。

松川事件

ここで、松川事件はどういうものか、ざっと説明しておこう。

１９４９年８月17日２時９分ごろ、青森発のＣ51蒸気機関車１３３号が牽引した旅客列車が上野駅を目指して、東北本線の松川駅と金谷川駅の間を走行していた。

福島県信夫郡金谷川村（現・福島市松川町金沢）にさしかかったとき、突然、先頭の蒸気機関車が脱線した。現場はカーブの入口であったが、脱線するような危ないカーブでもなければ、地形でもなかった。

先頭の蒸気機関車が脱線転覆すると、後続の荷物車２両と郵便車１両、そして客車２両も次々と脱線した。

この事故の被害者は機関車の乗務員３人。49歳の機関士と27歳の機関助士、23歳の機関助士が死亡した。

現場検証の結果、転覆地点付近の線路継ぎ目のところのボルトおよびナットが緩められおり、継ぎ目板が外されていた。さらに、レールを枕木上に固定する犬釘も多数抜かれており、長さ25ｍ、重さ９２５kgのレール１本が外され、ほとんどまっすぐなまま13ｍも移動されていた。

周辺を捜索した結果、近くの水田の中からバールとスパナがそれぞれ１本ずつ発見されている。

この事件が発生した翌日には、内閣官房長官が三鷹事件等と「思想底流において同じものである」と発言した。同じものとはつまり共産党の仕業であるということだ。

下山事件で、ＧＨＱは自殺案を封じ込め、共産党による他殺であるとキャンペーンを張った。同じく三鷹事件でも犯人として共産党員10人と元国鉄運転手の１人を検挙している。

当時、福島で公務員や国鉄職員、大企業の人員整理反対を掲げて戦闘的に闘っていたのは、国鉄労働組合福島支部（国労福島支部）であり、それに連帯した東芝労働組合松川工場労組（東芝松川労組）であった。そして、この二つの労組は共産党の影響下にある大労組であった。

捜査当局はＧＨＱと政府の後押しもあって、この二つの労組が犯人であると決めつけ捜査を開始した。

しかし、いくら共産党であるとはいえ、同じ国鉄の労働者を殺すであろうか。確かに、当時の機関士労働者は他の国鉄労働者に比べて、組合活動は穏健であった。その後の動労とは違う。このころは国労の方が戦闘的であり、対立関係にあった。

だからといって、人殺しまで画策するのは飛躍がある。

だが、事件発生から24日後の9月10日、元国鉄線路工の未成年が別件逮捕され、松川事件についての取り調べを受け、犯行を自供。その自供によって共犯者が次々と検挙された。

9月22日、国労の組合員5人および東芝労組員2人。10月4日には東芝労組員5人。8日には東芝労組員1人。17日に東芝労組員2人。21日に国労の組合員4人と、合計20人が芋づる式に逮捕・起訴された。

無罪になった組合員たち

しかし、彼らは全員が無罪になった。

彼らが、犯行が行われたと想定された時間には、確実にアリバイがあったことが明らかになったからだ。アリバイを証明したのが、諏訪メモと言われるものであった。

諏訪メモは東芝側が所有していた労使交渉の出席者の発言に関するメモで、労使交渉の場に出ていた出席者の名前が書かれていた。犯行時間に検挙された組合員たちは、労使交渉の場におり、犯行を実行するのはできないことが明らかになったのだ。

しかし、無罪を勝ち取ったのは、1963年9月12日であった。検挙されてから14年の月日が流れていた。

この間、国鉄は10万人以上のリストラを敢行している。東芝も同じである。結局、無罪は勝ち取っても、労働者の権利は奪われてしまった。

これが、GHQと政府の狙いであった。実行犯として逮捕された組合員は犯行時間に労使交渉の場にいたことは明らかであり、メモも残っているのだから、東芝サイドが提供すれば、すぐに釈放になったはずである。

逆に言えば、逮捕された組合員は労使交渉の場にいたから、それが証明できなければ、アリバイがないことになる。かなりあくどい工作である。

東芝サイドもいずれバレるとは思っていた可能性は高い。しかし、彼らにとっては時間稼ぎと、共産党と過激な労働組合運動が危険であることのキャンペーンができればよかった。

組合潰し、共産党潰し、左翼的運動潰しが狙いだった。そして、それは成功した。

ＣＩＣの工作員

１９６３年に組合員たちは無罪になったが、真犯人は捕まることはなかった。１９６４年8月17日、松川事件をめぐる一連の犯罪は公訴時効を迎えた。

しかし、刑法に時効があっても、歴史の真実には時効はない。

１９７０年7月12日、文筆家の畠山清行は、『週刊アサヒ芸能』の記者と一緒に松川事件の現場に行っている。その時、もう一人の同行者がいた。それが、中島辰次郎である。

この詳しいくだりは、『何も知らなかった日本人』（祥伝社文庫、畠山清行著）に書かれているが、簡単にまとめてみよう。

中島辰次郎はＣＩＣの工作員であり、「松川事件」に関与していた。中島は日本軍の諜報を担った人物で、戦後帰還すると、そこを見込まれてＣＩＣから工作員になるよう誘われた。

中島は事務所に行くと、一夜を過ごした後、すぐに「松川事件」の現場に連れていかれて工作をすることになる。その工作を上記本から引用しよう。

「踏切の手前で自動車を停めると、バックで畠の中に入れた。そして、二つの木箱を抱えて七人全員がおりると、線路に沿った畦道を左手に歩いて行った。箱を二つ抱えているから歩きにくく歩調もにぶった。それに歩速を合わせるから、六百メートルほど進むのに小一時間もかかった。

それでも『まだ早い』というので、その六百メートルほどのところで道具箱をおろして煙草に火をつけた。ライターの者もあれば、マッチの者もいたが、煙草の吸殻やマッチの軸を現場においてはいけないというので、学校の横の畠でたべたかんづめの空きかんを、光田が持ってきたのに入れた。

光田は大型の懐中電灯をもっていたが、それで照らして煙草の吸殻の点検がすむと、道具箱の中から大きなスパナを出して左側の線路の釘を抜いた。光田が懐中電灯を斜に構えて線路を照らす。月のない、暗い夜だったが、懐中電灯で線路は長く遠くまで光り、釘のありかがよくわかった。

みんな交替で、約三十本ほど抜くと、一メートルほどもあるでかいスパナで、釘を抜いた線路を、二人がかりでねじりずらした。つまり、それで抜いた線と抜

かない線との継ぎ目のところが、四、五十センチずれたわけである。作業はそれで終わりで、

『別に内緒でこそこそやるかとか、音をしのんでやるというようなことは、まったくなかった。普通の線路工夫が、線路工事をしているのと、あまり変わらない、罪悪感などまったくない工作だった』

と、中島自身も、後に語っていたのである」

畠山は、中島の話が真実であるかどうか確かめるために、週刊誌の記者と一緒に、中島を連れて犯行現場を訪れたわけだ。

ことごとく、記憶通りの現場

犯行現場に着くと中島は、当時あった呉服店と白壁の土蔵が見当たらないと言い出した。そこで、近くにあった呉服店の人に聞くと、道路工事で以前あった場所から移動し、なおかつ工事で白壁の土蔵を壊したことを話してくれた。

さらに、中島は工作の前に小学校の井戸で水を飲んだが、その小学校も存在し、

井戸も使われていなかったが、存在していた。

また、中島の記憶に残っている犯行当時にあった無人の踏切小屋も、建ち腐れのまま残っていた。

他にも、休憩のために座った岩、現場のすぐ近くにあったすすきの茂みも、存在していた。

中島は現場からの帰りに、犯行時のことを畠山に語っている。

「最初、私は継ぎ目板のボルトをはずした。土田に渡されたスパナは『固定スパナ』（広口と狭口の両方のはさみ口がついている長さ五、六十センチのもの）だが、サイズがまったくあわない。

それで『こりゃ、合わないよ』と土田にいうと、横から風間が二十五、六センチの『自在スパナ』をだした。ところがこれも、手が痛くなるだけで使いものにならない。

そこで、長さ五、六十センチの『自在スパナ』を持っていた清水と交替し、カジヤ（バール）で犬釘を抜きはじめた。犬釘は、ハンマーで叩いて、いくぶんゆるめてあったので、バールの刃のほうを、釘と枕木の隙間にハンマーで叩いてさしこみ、石をテコにして、足でバールの先端を踏むと、比較的かんたんに抜けた。私の抜いたのは4本で、二十分くらいかかった。

ハンマーはちょっと形の変わったもので、いっぽうはハンマーだが、もういっぽうの端はマサカリの刃みたいな形をしていた。

日本ではみなれないもので、これを二本ぐらい使った。カジヤは、五、六十センチの長さで、いっぽうの先端はカギ型に曲がっており、もういっぽうの端は刃のような形をしていた。

はずした継ぎ目板は、金谷川方向のものだったと思う。最初は、松川寄りのほうをはずしにかかったが、途中でやめた。犬釘は金谷川側から抜きはじめて、三十本ほど抜いたと思う（裁判記録では「発見された犬釘は、三十八本」となっている－畠山）。犬釘を抜いた線路の片方を、十センチほどずらした。

それだけの、まことにかんたんなもので、それが終わると、道具やその他の遺留品の有無を、土田が念入りにしらべた。小休止した草むらでも、タバコの吸殻が落ちていないかをしらべ、道具箱をおいたり、寝ころんで倒れた草をきれいにおこして現場を去った」

かなり詳しい工作の模様が語られている。

中島の記事に疑問を呈した各雑誌

中島の話では工作を担ったものは中島を入れて全部で7人。中島の話に登場する光田は、当時27、八歳の米軍の少尉で二世、がっちりした体格で背は167～8センチほど。

土田は25、6歳の米軍曹長の二世。細面でやせ型。光田より少し身長が低く、東京四谷の女性と結婚して、しばらく都内に住んでいたという。

人物についても、かなりディテールの細かい内容がかかれている。ただし、『週刊アサヒ芸能』に載ったこの記事について、信憑性を疑う記事も掲載された。

ある雑誌は、「中島は犬釘を数本抜いただけである。たったこれだけの仕事のために、CICは日本に来たばかりの男を、わざわざ佐世保から連れ出したのだろうか」と疑問を呈している。

これに対して、畠山は、「(工作は) きれぎれに命ずるのだ。万一、その一人が裏切っても、共犯でない限り全貌が露見しないように手配 (する)」と反論している。

他の雑誌は、福島で行われた工作の実行者が、「わざわざ東京から仙台に行って、そこからくるのはおかしいと、もっと近くの部隊 (例えば福島のＣＩＣ) を使うはずだ」と疑問を提示した。

これについても畠山は、謀略の工作をするときに、わざわざ遠くの工作部隊を使うのは常識であって、近いところの工作部隊をつかえば、足がつきやすくなる。こんなことも知らないものが、よく謀略についての原稿を執筆できるものだと、逆に揶揄している。

中島は本物なのか、どうか。謀略のことをペラペラ話してしまうのは、疑問を感じる。通常であれば、墓場まで持っていく話だろう。

ただし、かなり具体的で細かいところまで話している。もし、工作部隊の一人でなかったとしても、諜報部隊に近い人物であることは間違いないだろう。

中島が工作をしたかは別にして、ＣＩＣやキャノン機関が関与していたことは当時から噂されていた。

国鉄の三大ミステリー事件は、日本がまだＧＨＱの支配下にあるときに行われた謀略である。ＧＨＱからしてみれば、日本で工作が少々ばれても、かまわない。ＧＨＱが支配している日本であり、何かあれば、実行部隊はアメリカに逃げてしまえばいい。大胆な行動も厭わない環境だったといえるだろう。

現在は、昭和から平成、そして令和になった。権力による謀略はなくなったのだろうか。当時、謀略を起こしたＧＨＱは存在しないが、それに代わる組織による謀略は、どこかで起きているかもしれない。

相変わらず、不審な議員の死が報道されている。

著者プロフィール

中野信行（なかの・のぶゆき）
1943年神戸市生まれ。61年、スポーツニッポン新聞東京本社に入社、車両部を経て28歳のときに文化社会部に異動。石原裕次郎、勝新太郎、渡哲也、ジョン・レノン、雪村いづみ、吉永小百合、松坂慶子、ちあきなおみ、など多くのスーパースターを密着取材。

有田芳生（ありた・よしふ）
衆議院議員、ジャーナリスト。テレサ・テン最後の来日となった1994年10月に仙台で面会。テレサは翌95年5月8日に逝去。13年の取材を経て『私の家は山の向こう』（文藝春秋、2005年）を出版。著作に『歌屋　都はるみ』（講談社、1994年）、『誰も書かなかった統一教会』（集英社新書、2024年）など多数。

本橋信宏（もとはし・のぶひろ）
1956年埼玉県生まれ。ノンフィクション作家。他にも小説、エッセイ、評論と幅広い活動を行う。2019年、『全裸監督　村西とおる伝』がNetflixでドラマ化。大ヒットを記録。他に『東京最後の異界　鶯谷』（宝島社）、『歌舞伎町アンダーグラウンド』（駒草出版）、『裏本時代』（幻冬舎）など著書多数。

伊藤博敏（いとう・ひろとし）
1955年福岡県生まれ。ジャーナリスト、編集プロダクション勤務を経て、フリーに。経済事件などの圧倒的取材力に定評がある。著書に『黒幕　巨大企業とマスコミがすがった「裏社会の案内人」』（小学館）、『鳩山一郎　誰も書かなかったその内幕』（彩図社）、『「カネ儲け」至上主義が陥った「罠」』（講談社）、『同和のドン　上田藤兵衛』（講談社）など。

宮島　理（みやじま・ただし）
1975年生まれ、フリーライター。

鈴木圭太（すずき・けいた）
フリーライター。専門は歴史と現代史。

九鬼　淳（くき・じゅん）
フリーライター。専門は人物伝。著書に『知れば知るほど泣ける昭和天皇』『知れば知るほど泣ける昭和の偉人』（共に宝島SUGOI文庫）などがある。

スタッフ
装丁／妹尾善史（landfish）
本文デザイン&DTP／株式会社ユニオンワークス
編集／小林大作、中尾緑子

※本書は2016年に小社より刊行した
『闇に葬られた「怪死」の真相』に
新たな原稿を加え、再編集したものです。

闇に葬られた昭和の怪死事件

（やみにほうむられたしょうわのかいしじけん）

2025年3月5日　第1刷発行

編　者　別冊宝島編集部
発行人　関川 誠
発行所　株式会社 宝島社
〒102-8388　東京都千代田区一番町25番地
電話：営業 03(3234)4621／編集 03(3239)0928
https://tkj.jp
印刷・製本　株式会社広済堂ネクスト

Printed in Japan
ISBN 978-4-299-06525-4